Mi ~~subers~~ Ländle

Edition V

Kathrin Stainer-Hämmerle (Hg.)

Mi ~~subers~~ Ländle

Politische Machenschaften, Skandale und andere Affären

Karikaturen von Silvio Raos

Edition V

Anmeldung zum edition V Newsletter:

Folge uns auf Facebook und Instagram
Facebook: editionvorarlberg
Instagram: editionv_verlag

Lektorat: Nina Winkler
Korrektorat: Magdalena Amann
Covergestaltung: Atelier Raos Design, Dornbirn
Gestaltung und Satz: Denise Sterr
Karikaturen: Silvio Raos

Inhalt

Grüaß di Gott mi subers Ländle

An Vorarlberg

Worte: P. Isidor Hopfner S. J.
Weise: Wunibald Briem

1. Grüeß di Gott, mi su - bers¹ Länd - le, döt am Rhi² und
2. Jô, vom jun - ge Rhi zum I - far⁶ und vom Piz - bu -
3. Und a Völk - le, frumm und wak - ker, das i Tal und

1. Bo - de - see! Los, i bring der hüt a Ständ - le³
2. in zum See, schö - ner singt döt je - da Pfie - far,⁷
3. Ber - ge wohnt, schaf - fet froh i Wies und Ak - kar,

1. und ver - giß der - wil min Weh. A - ne, ma'n i
2. schö - ner blüiht der Gug - gar - klee,⁸ und a Moi - e -
3. Not und Ar - bat ischt as gwohnt. Völk - le, sieht der

1. di so gern,⁴ bist halt schö, min Ou - ge - stern,⁵
2. lüft - le goht,⁹ daß vor Fröüd der Ö - tem b'stoht,¹⁰
3. Herr - gott di, schout er lieb und fründ - le dri,

1. a - ne, ma'n i di so gern,
2. und a Moi - e - lüft - le goht,
3. Völk - le, sieht der Herr - gott di,

1. bischt halt schö, min Ou - ge - stern !
2. daß vor Fröüd der Ö - tem b'stoht !
3. schout er lieb und fründ - le dri.

Aus: Rob. Briem, Volks- und Heimatlieder aus Vorarlberg; Wien 1950

1) mein sauberes Ländle 2) am Rhein 3) ich bringe dir heute ein Ständchen 4) ach, wie mag ich dich so gern! 5) bist halt schön, mein Augenstern! 6) vom jungen Rhein zum Hohen Ifen 7) Vogel 8) Kuckucksklee 9) ein Mailüftchen geht 10) daß vor Freude der Atem stehen bleibt.

Vorarlberger Volksliedwerk (Hg.): Vorarlberger Liederbuch, Verlag Eugen Russ, Bregenz 1982; S. 19

Kathrin Stainer-Hämmerle

Vorwort

Je mehr Lebenserfahrung einem geschenkt wird, desto stärker das Gefühl, dass früher alles besser gewesen wäre. Anlässe wie die Wirtschaftsbundaffäre bekräftigen diesen Eindruck und besonders schmerzt natürlich Kritik von außerhalb der Landesgrenzen. Ein kritischer Blick in die Vergangenheit zeigt allerdings, dass im Ländle auch früher nicht alles so »suber« war, sondern nur der nostalgische Blick auf die eigene Jugend gerne die Erinnerung verklärt.

Gemeinsam mit renommierten Vorarlberg-Kennerinnen und -Kennern durfte ich eine Reise in die Vergangenheit unseres Heimatbundeslandes unternehmen. Schnell füllte sich das Buch mit Ideen und Erinnerungen, nicht alle konnten verwirklicht werden und manches haben wir wohl auch übersehen oder schlicht vergessen. Es entstand eine Sammlung verschiedener Texte als Streiflicht durch die letzten Jahrzehnte ohne Anspruch auf Vollständigkeit, aber doch mit einigen Aha-Erlebnissen. Klaus Feldkircher ruft uns etwa in Erinnerung, dass 1980 für ein Mandat im Nationalrat zehn Millionen Schilling geboten wurden. Harald Walser und Hans-Peter Martin beweisen mit den verdrängten Verbrechen während der NS-Zeit und ungerechten Zuständen in der heimischen Textilindustrie während der 1970er, dass der Erfolg des Ländles nicht nur auf dem Fleiß der heimischen Hände aufgebaut wurde. Am Beispiel eines absurden Twist-Verbots erinnert Markus Barnay an die Versuche, Moral und Sitte vor dem Arlberg besonders hoch zu halten. Dennoch konnten weder das Ausufern der Rotlichtszene in den 1980ern noch die Missbrauchsfälle in der Katholischen Kirche verhindert werden, wie Lara Hagen und Martina Pointner beschreiben.

Glücklicherweise führten Schlampigkeiten nur beinahe zu einem tödlichen Ende, wie Norbert Schwendinger zeigt, während das Geschäft mit dem Erben dunkle Seiten aufzeigt, hier dokumentiert von Jörg Stadler sowie Christoph Greussing. Besonders groß sind die Versuchungen des Regel- und Moralbruchs dort, wo die Nähe zur Macht gegeben ist, also in Politik, Verwaltung und Justiz. Seff Dünser erinnert an verschiedene Fälle von Untreue, Moritz Moser an den lockeren Umgang mit Vorschriften in Behörden und Lara Hagen fasst den aktuellen Stand der Wirtschaftsbund-Affäre zusammen. Diese zwang nicht nur einen Landeshauptmann in eine Auszeit, sondern führte ebenso zu einem gemeinsamen Beschluss aller Parteien im Landtag für ein neues Parteienförderungsgesetz mit mehr Transparenz und Kontrollmöglichkeiten.

Skandale und Affären sind leider nicht immer, aber immer öfter Ausgangspunkt für Reue, Entschuldigungen, Veränderungen und Präventivmaßnahmen. Dass Macht Kontrolle braucht, sollte in einer Demokratie als selbstverständlich gelten. Die Gewaltenteilung durch Justiz, Rechnungshof, Opposition und kritische Öffentlichkeit hat in den hier nachzulesenden Fällen meist funktioniert, sonst wären viele dieser Vorgänge wohl endgültig aus dem öffentlichen Gedächtnis verschwunden wie Silvio Raos auf seinem Titelbild andeutet.

Die gesammelten Krimigeschichten aus der Mitte unserer Gesellschaft sollen daher unterhalten, aber auch zum Nachdenken anregen. Zum Beispiel über den Vorarlberger Hang zur Selbstgerechtigkeit, den Duygu Özkan so treffend beschreibt als die fehlende Bereitschaft, die eigenen Strukturen kritisch zu hinterfragen. Es war und ist nie alles »ghörig«, auch nicht im Land vor dem Arlberg. Skandale müssen allerdings nicht zwangsläufig eine Schande sein. Sie entstehen erst durch öffentliche Aufmerksamkeit, zu der Medien einen wichtigen Beitrag leisten, wie Kurt Bereuter am Beginn schreibt. Insofern könnte unser Eindruck, es stünde heute um Politik, Gesellschaft oder Zukunft wesentlich schlechter, auch mit

unserem besseren Wissen und höheren Erwartungen zusammen-
hängen. Die Schande entsteht erst durch den Umgang mit Skandalen, Affären und Missständen, wenn an die Stelle von Lernen und
Änderungsbereitschaft dumpfes Leugnen, stures Verdrängen und
trotziges Zeigen auf die Schuld anderer rückt.

Ich danke allen Autorinnen und Autoren sowie Nina Winkler
vom Verlag für ihre Bereitschaft in ihrem Gedächtnis und ihren Archiven zu kramen und allerlei Lesenswertes (aber für viele wohl
auch lieber Verschweigenswertes) zu Papier zu bringen. Es ging
uns nicht darum, das Ländle oder gar einzelne Personen und Institutionen an den Pranger zu stellen. Wir wollen unsere Leserinnen
und Leser anregen, ihren kritischen Blick zu bewahren und stets
gegen Ungerechtigkeiten, Betrug oder Machtmissbrauch aufzutre-
ten, immer auch in die dunklen Ecken unserer Gesellschaft zu bli-
cken und selbst unangenehme Skandale nicht unter den Teppich
zu kehren. Denn auch dafür sind das Ländle und dessen Bewoh-
nerinnen und Bewohner bekannt.

Neue Bequemlichkeit im Landes-Chefsessel!

Kurt Bereuter

»Wie ein Skandal medial geht oder auch nicht«
Wie Vorarlbergs Leitmedien mit Skandalen umgehen

Damit ein Skandal überhaupt ein Skandal wird, müssen »ein Aufsehen erregendes Ärgernis und die damit zusammenhängenden
Ereignisse oder Verhaltensweisen« (Wikipedia) die Öffentlichkeit
erreichen. Dazu braucht es für eine breite und zeitnahe Bekannt-
machung – und nur dann erhält ein Skandal Durchschlagskraft –
Medien. Es kann also behauptet werden, Skandale werden erst
durch Medien zu solchen gemacht – und letztlich entscheiden
dann die Medien, ob es ein Skandal, ein Skandälchen oder sogar
kein Skandal wird, was da geschehen ist. Das wiederum gilt für
gelenkte Medien genauso wie für unabhängige Medien. Zweitere
unterscheiden sich von ersteren in der Verpflichtung zur Neutrali-
tät, Recherche und Gegenrecherche, Objektivität und ausgewoge-
ner Berichterstattung ohne machtpolitische Ziele im Hintergrund.
Erschwerend kommt hinzu, dass es sich nicht nur um von Gesetzes
wegen verbotene Ereignisse oder Verhaltensweisen handeln muss,
um für einen Skandal zu taugen, sondern es genügen auch moralisch oder sittlich fragwürdige Ereignisse. Zumal in einem Rechtsstaat die Unschuldsvermutung gilt, solange kein Gericht das Urteil
gesprochen hat. Zu diesem Zeitpunkt ist der Skandal meist schon
wieder »kalter Kaffee«. Ob also gerichtlich etwas hängen bleibt
oder nicht, spielt keine Rolle für die Geburt eines Skandals. Die
Geburt des Skandals findet mit dem Auftauchen in den Medien
statt und dazu müssen diese Ereignisse oder Verhaltensweisen
erst einmal Eingang in die Redaktionen finden und dort auch ver-
wertet und verbreitet werden. Da seien in einem demokratischen
Rechtsstaat die unabhängigen Medien gelobt.

Dass dann unabhängige Medien bei Skandalen zu durchaus unterschiedlicher Berichterstattung kommen können, zeigte sich schon im »Skandal« der Fußachaffäre 1964 rund um die Namensgebung für das neue Motorschiff am Bodensee: »Vorarlberg« oder »Karl Renner«. Während gegen die unabhängigen »Vorarlberger Nachrichten« – auf Seite der Protestierenden – anfänglich in Person eines Redakteurs und des Herausgebers (Familie Russ als Eigentümer) nach § 300 StGB wegen Aufwiegelung ermittelt wurde, sah die unabhängige »Arbeiterzeitung Österreichs«, in zumindest indirektem Eigentum der Sozialdemokraten stehend, den Skandal darin, dass zum ersten Mal seit 1938 auf österreichischem Boden (durch die Protestierenden, Verf.) die österreichische Staatsfahne in den Schmutz getreten wurde: »Vorfälle, wie sie sich in Vorarlberg abgespielt haben, finden eine Parallele nur in Ereignissen bei der Okkupation Österreichs durch Hitler.«

Dass die Medienlandschaft in Vorarlberg eine überschaubare ist, braucht an dieser Stelle nicht erwähnt zu werden. Schon das Fußacher Beispiel zeigt, welche Medienmacht die »Vorarlberger Nachrichten« damals hatten und etwas abgeschwächt sicher auch heute noch haben, auch wenn ausdrücklich festgehalten werden muss, dass sich die Redaktion von heute mit jener bis zu Chefredakteur Franz Ortner (1969–1986) in der politischen Meinungsmache massiv unterscheidet. Aber das qualitative Leitmedium in Vorarlberg sind die »Vorarlberger Nachrichten« geblieben – oder ich wage zu behaupten – in den letzten Jahren wieder verstärkt geworden. Und das hat mit dem zweiten Leitmedium in Vorarlberg zu tun: dem ORF-Landesstudio.

Wer greift den Skandal auf?

Wie schon anfangs behauptet, braucht es ein Medium, um den Skandal zu »machen«. Und »machen« ist hier durchaus ein brauchbares Wort. Denn wenn Ereignisse oder Verhaltensweisen bekannt werden – oder sogar schon bekannt sind – braucht es ein Medium, das diese aufgreift und infolgedessen erst zum Skandalmacher wird. Als ich 2012 von der Ausbringung von importiertem Hühnerdung im Bregenzerwald hörte – und das bekam nicht nur dem Bregenzerwälder Käse nicht – wandte ich mich an den ORF und die »Vorarlberger Nachrichten«. In beiden Redaktionsstuben war das bereits bekannt, aber beide von mir kontaktierten zuständigen Redakteure wollten das nicht »als Erste« »machen«, obwohl klar war, dass darüber berichtet gehört. Mit den »Vorarlberger Nachrichten« fand sich dann doch ein Weg über den »Bürgerjournalismus« in Form eines Leserbriefes, der entsprechend platziert und bebildert als Erstinformation das Thema in die Medien brachte und dann auch von den anderen Medien »gespielt« wurde. In diesem Zusammenhang muss darauf hingewiesen werden, dass nicht Medien die Ereignisse für einen Skandal »machen«, sondern diese machen aus den Ereignissen den medienpolitischen Skandal und dessen Größe wiederum hängt von der Empörung der Öffentlichkeit, aber auch von der Aufnahme durch andere Medien und nicht zuletzt auch davon ab, wie ihn andere Interessengruppen (z. B. Parteien) für sich nutzen und sich einbringen. Da spielt dann Parteiräson eine entscheidende Rolle. So wäre wohl manch einem Beobachter lieber gewesen, wenn die *Grünen* anlässlich der Wirtschaftsbundaffäre, aber auch in den Vergabeskandalen der Vorarlberger Landesregierung 2022, in der Opposition anstatt in der Koalition gewesen wären.

Wann ist es Zeit für einen Skandal?

In der Regel ergibt ein Einzelereignis selten einen Skandal, sondern es sind meist länger andauernde »Machenschaften«, die dann durch ein Einzelereignis zum »Überlaufen« gebracht werden. So war es beim Hühnermist, der den Käse »explodieren« und dem damaligen Landesrat den Kragen platzen ließ, obwohl er vorinformiert war. So war es auch beim Wirtschaftsbundskandal 2022, durch den Landeshauptmann Markus Wallner über eine Steuerprüfung zu der unbedachten Äußerung im Live-Studio des Medienhauses hingerissen wurde, er »habe zu lange zugeschaut.« Das ergab erst den Skandal – für ihn und die ÖVP, dass sie zugeschaut hatten, wie ein Geschäftsführer über Jahrzehnte ein System aufbaute, das ihm und vor allem der ÖVP nutzte. Er hatte offenbar zugeschaut und wurde damit zum Mitwisser. Dass Wirtschaftsbund und Wirtschaftskammer viel zu nah waren, wusste auch jeder, was sich auch in Personalunion von Wirtschaftsbundobmann und Wirtschaftskammerpräsident zeigte. Dass das Vorarlberger Medienhaus über das Media-Team, das die Inserate für beide Zeitschriften, für die der (halböffentlich-demokratischen) Wirtschaftskammer und die des ÖVP-Wirtschaftsbundes verkaufte, ökonomisch »mitschnitt«, war auch kein Geheimnis. Darüber machten auch die »Vorarlberger Nachrichten« (aus dem *Russ Mediaverlag GmbH*) kein Geheimnis. Thematisiert wurde das aber vorher von den Medien nicht. Warum denn auch? Das war zu wenig für einen Skandal. Und so gibt es sicher eine ganze Reihe von »Skandalen«, die mangels Öffentlichkeit nie zu solchen werden (können). Oder vielleicht doch, wenn der entscheidende Tropfen das Fass zum Überlaufen bringt.

Der Umgang mit Skandalen

Wer bei Wikipedia unter »Skandal« nachliest, erfährt über den Ablauf von Medienskandalen, dass nach der Latenzphase (ein tatsächlicher oder vermuteter Missstand wird bekannt) ein Schlüsselereignis dazu führt, dass eine Machenschaft zu einem Skandal »eskaliert« und in einer »Aufschwungphase« zu einer Ausweitung führt, in der immer weitere Fakten bekannt werden. Und in dieser Phase würde tatsächlich zum zweiten Mal ein Wettbewerb zwischen mehreren investigativen Medien von Bedeutung sein. Ansonsten verbleibt die Skandalinszenierung bei einem Medium, wo dann durchaus entschieden werden kann, auf welche Art ein Skandal »gespielt« wird: in kleinen Häppchen über eine längere Zeit oder mit einem großen »Schlag«. Dafür kann es ganz einfach ökonomische und arbeitstechnische Gründe geben, »das ganze Pulver nicht auf einmal zu verschießen«. So kann schon einmal der Eindruck entstehen, da hätte sich jemand in eine Sache, wie ein Dackel in das Hosenbein, verbissen, bis der Stoff reißt. Das kann für Einzelpersonen schon sehr unangenehm werden und fordert die Resilienz des Betroffenen heraus. Dass sich in der Wirtschaftsbundaffäre die »Vorarlberger Nachrichten« (wiederholt) hinter einer »eidesstattlichen Erklärung« eines Unternehmers, der Korruption behauptet, die nicht hieb- und stichfest ist, (medien-)rechtlich auf dünnem Eis bewegen, nehme ich persönlich nicht an. Auch wenn es in Österreich ein sehr gut geschütztes Redaktionsgeheimnis gibt, wäre es meiner Meinung nach journalistisch nicht korrekt, mit einer Einzelaussage solcherart in die Öffentlichkeit zu gehen. Es ist also eher anzunehmen, dass es mehrere derartige Aussagen den »Vorarlberger Nachrichten« gegenüber gegeben hat, oder es sich wenigstens um eine höchst untadelige Person handeln muss, deren »Wort« gegen jenes des Landeshauptmannes standhalten kann. Wobei Landeshauptmann Markus Wallner vor dem ÖVP-Korruptions-Untersuchungsausschuss in Wien unter Wahrheitspflicht nur aussagte, dass er keine Erinnerung habe, jemals für Inserate (in der Wirtschafts-bundzeitschrift) geworben zu haben. Vor den Medien aber bezeichnete er diese eidesstattliche Erklärung als »Lüge«. Auf alle Fälle könnte dieser Fall medienrechtlich noch spannend werden.

Hat nun der Landeshauptmann in diesem Fall keine rechtliche Möglichkeit gegen die medial erhobenen Vorwürfe zu reagieren, wie es von ÖVP-Seite behauptet wird und womit Markus Wallner in eine »Opferrolle« gehievt wird, oder doch? Laut der wohl renommiertesten Medienrechtlerin Österreichs, Dr. Maria Windhager, könnte Landeshauptmann Wallner die »Vorarlberger Nachrichten« sehr wohl auf Unterlassung und Widerruf klagen, womit die Zeitung in Beweisnot käme und die eidesstattliche Erklärung vor Gericht vorlegen müsste, um nicht auf dem Wahrheitsbeweis sitzen zu bleiben. Schließlich hätte sich ja der Erklärer in einer solchen eidesstattlichen Erklärung gerade dazu bereit erklärt, diesen Vorwurf auch vor Gericht zu bezeugen. Das Redaktionsgeheimnis ist in Österreich sehr gut geschützt und die Zeitung könne nicht verpflichtet werden, die eidesstattliche Erklärung im Streitfall auch tatsächlich vorzulegen. Frau Dr. Windhager geht aber nicht davon aus, dass die Redaktion diesen Spielraum nutzen würde. Das wäre sehr unüblich und blamabel, weil sie dann eine Falschbehauptung zu verantworten hätte.

Und der ORF zieht »brav« nach

An anderer Stelle habe ich schon einmal darauf hingewiesen, dass es im ORF-Landesstudio immer öfter heißt »laut einem Bericht der ›Vorarlberger Nachrichten‹«, fallweise auch des »Standard« oder des »Falters« und in Wirtschaftsfragen des »Wirtschaftspressedienstes«. Das bestätigt, dass in politisch heiklen Fragen keiner gerne der Erste ist. Es ist leichter und unproblematischer, auf einen fahrenden Wagen aufzuspringen, als ihn anzuschieben. Auch wenn niemand einen ORF will, der wie die Boulevard-Presse agiert, wäre etwas mehr Mut in den öffentlich-rechtlichen Medien gefordert. Mut, wie er zuzeiten auf Seiten der Kulturredaktion gezeigt wurde, gerade wenn es um Gesellschaftskultur ging. Da war Martin Hartmann ein gefragter und auch verlässlicher Redakteur des ORF-Landesstudios in Vorarlberg. Er hatte beispielsweise dem Bürgerrat zum Thema »Umgang mit Grund und Boden« im Jahr 2017 sehr viel Raum und Zeit eingeräumt. Unter anderem in der Radiosendung »Kultur nach 6«, die doch für manchen auf dem Nachhauseweg angenehm und zeittechnisch günstig zu hören war. Unter Intendant Markus Klement wurde diese Sendung um zwei Stunden nach hinten verlegt. Auf ein Zeitfenster, in dem einerseits die TV-Zeit beginnt und andererseits viele Veranstaltungen schon die potentiellen Zuhörer »abgeholt« haben. Ein offener Brief der Kulturinitiativen an den Intendanten, den Landeshauptmann und den damaligen Landesrat, vermochten nicht, diese Entscheidung zu revidieren. Zudem weigerte sich der Landesintendant an Diskussionsveranstaltungen zu diesem Thema teilzunehmen und der ORF berichtete immer nur am Rande oder gar nicht über Veranstaltungen, die sich mit dieser Thematik befassten. Im ersten Jahr der Corona-Pandemie, 2020, wurde dieser Redakteur dann sogar entlassen. Im darauffolgenden Rechtsstreit gab es eine außergerichtliche Einigung zwischen ORF und Martin Hartmann, obwohl es laut »Vorarlberger Nachrichten« einen identen Fall der ihnen nur vorgeworfenen Verletzung der hausinternen Corona-Regeln gab, ohne dass es im zweiten Fall zu einer Kündigung gekommen wäre. In dieser Causa führte nicht einmal ein Protest des ORF-Redakteurrats zu einer Revidierung. So wanderte im ORF Vorarlberg nicht nur eine wertvolle Sendung an einen ungünstigen Sendeplatz, sondern der Öffentlichkeit wurde auch ein kritisch-offener und engagierter Kultur-Redakteur entzogen. Bemerkenswert ist hier die Rolle des Landeshauptmannes, dem ja de jure laut ORF-Gesetz nur ein Anhörungsrecht zusteht und mehr auch nicht möglich sein darf, der aber immerhin mit der Landesregierung einen Stiftungsrat bestellt, der nach eigenen Angaben bestätigte, dass dieser den Landesdirektor »macht«. Der Landeshauptmann hat somit gute Gründe, »seinen« Stiftungsrat gut auszusuchen. Dass Alt-LH Sausgruber einen Finanzamtbeamten auserkor, der dann in Folge eines Skandals um die »steueroptimierte« Betriebsansiedelung eines deutschen Konzerns rechtskräftig wegen Amtsmissbrauchs verurteilt wurde, ist (nicht) verwunderlich. Dieser »machte« in Folge Markus Klement zum Landesdirektor, als Nachfolger des professionellen Politjournalisten Wolfgang Burtscher, der noch heute in politischen Fragen ein gefragter Interviewpartner und Kommentator ist. Dass sich ausgerechnet die Wiener Zeitschrift »Falter« mit dem Thema mutig befasste, war dann allerdings in den Vorarlberger Printmedien nicht zu lesen. Der Beitrag ist dafür immer noch online beim »Falter« abrufbar. Daraus erschließt sich auch, dass es im ORF-Landesstudio Vorarlberg durchaus Redakteure gab – und wohl auch noch gibt – die ihren Beruf ernst nehmen, es aber nicht leicht haben oder hatten.

Es gibt bis heute keine definierte Ausbildung für Journalistinnen und Journalisten, aber eine gewisse historische Bildung, eine politische Beobachtungsgabe und politisches Interesse gehören dazu, wenn der Journalismus aus dem reinen Unterhaltungsbereich ausbrechen soll, was immerhin seine demokratiepolitische Aufgabe ist. Und in diesem Punkt sind die öffentlich-rechtlichen Medien allemal gefordert, werden sie doch gerade deswegen über Gebühren finanziert. Dass auch Intelligenz und Sprachsicherheit dazu gehören, versteht sich von selbst. Aber vielleicht ist die Persönlichkeit entscheidender. Denn die Tätigkeit einer Journalistin bzw. eines Journalisten findet immer in einem Spannungsfeld zwischen Mut und Feigheit, Engagement und Bequemlichkeit, Eigenverantwortung und vorauseilendem Gehorsam statt.

Dass es mit der kleinen »Neue Vorarlberger Tageszeitung« eine zweite Tageszeitung mit einer eigenen, unabhängigen Redaktion im Ländle gibt, die unter dem Eigentümer- und Hausdach des Medienhauses, heute *Russmedia Verlag GmbH*, beheimatet ist, ist löblich, vor allem wenn es dort auch noch Journalistinnen und Journalisten gibt, die für eine Pluralität stehen und es mit der steirischen »Kleinen Zeitung« österreichweite Berichterstattung und Kommentare gibt. Aber letztlich ist es die »kleine« Tageszeitung mit geringerer Reichweite – abgesehen von der Sonntagsausgabe mit einer Auflage von ca. 25.000 Exemplaren. Aber es kann schon einmal passieren, dass es in den »Vorarlberger Nachrichten«, mit einer verkauften Auflage von ca. 60.000 Exemplaren, heißt, »das war eh schon in der Neuen.« So war die überaus kritische Stellungnahme des Monitoringausschusses unter Vorsitz des Landesvolksanwaltes zum Projekt der »Inklusiven Region Vorarlberg« der »Neuen« eine Doppelseite wert und wurde in den »VN« und im ORF nur am Rande erwähnt. »Vol.at«, das digitale Nachrichtenportal von Russmedia, übernimmt dafür auch Beiträge aus der »Neuen« und stellte den Bericht zur Verfügung. Interessant sind allemal die Kommentare in der »Neuen«, die aus der »Kleinen Zeitung« übernommen werden, wie die Kommentare im »Standard« oder im »Kurier« oder fallweise in der Lokalausgabe der »Kronen-Zeitung«. Aber mangels Reichweite spielt noch am ehesten »Der Standard« in seiner Zielgruppe eine relevante Rolle. Die zweite Sonntagszeitung aus dem Russ-Verlag, die Gratiszeitung »Wann & Wo«, mit einer Auflage von weit jenseits der 100.000, die ursprünglich als Zeitung für das jüngere Publikum auf den Markt kam und im Boulevard-Stil daherkommt, ist auch redaktionell eine Boulevardzeitung. Und zudem sind die jungen LeserInnen längst am Handy zuhause und verschmähen Printprodukte immer mehr, inklusive der »Wann & Wo«.

Ein Ausblick?

Die Printmedien, und auch der ORF, verlieren weiter an MediennutzerInnen. Und vor allem verlieren Print und Fernsehen die jungen Menschen, und zwar in allen sozialen Schichten. Der ORF hat zuletzt sogar sein Alleinstellungsmerkmal als politische »Live-Interview-Sendung« verloren. Russmedia etablierte mit seinem Videostudio im Haus und den regelmäßigen »Vorarlberg LIVE«-Sendungen mit mehr oder weniger interessanten Gästen einen Kanal, der über die Online-Plattform »vol.at« leicht zugänglich ist und mit deutlich mehr Sendezeit ein zweites Angebot in diesem Genre bietet. »Vol.at« ist bei jungen Menschen das quantitative – keinesfalls das qualitative – neue Leitmedium Vorarlbergs geworden. Nachrichtenkonsum geschieht über Tabletts oder Handys und da ist »vol.at« eine gefragte Startseite quer durch alle Altersschichten.

Pessimistisch könnte man sagen, die Demokratie verliert nicht nur die Printmedien, sie verliert auch die interessierten LeserInnen von hintergründiger Information und gewinnt dafür an banaler Skandalkultur, die sich durch markige Überschriften und kurze Texte mit »knackigem«, großformatigem Bild festmachen lässt. Medienkonsum kostet Zeit und dient immer mehr der Unterhaltung, zu der dann eben auch oberflächliche politische Berichterstattung gehört. Aber dieser Befund ist nicht nur für Vorarlberg zulässig, sondern wohl weltweit. Im Hintergrund gibt es eine weitere, verstärkte Kommerzialisierung (durch Werbemaßnahmen finanzierte Medien) des Journalismus und da ist Vorarlberg wohl ein Musterschüler in Form eines zugegebenermaßen innovativen Medienhauses, das auch strategisch seine Hausaufgaben gemacht hat. Und wo bleibt der ORF als zweites qualitatives Leitmedium im Ländle? Schon heute kann davon ausgegangen werden, dass der durchschnittliche Zuseher der ORF-Bundesländersendungen jenseits der 60 Jahre zu finden ist. So könnte man wohl annehmen, dass der ORF längst die Zeichen der Zeit erkannt hat und sich den strategischen Fragen stellt und seine Positionierung sucht und findet. Diese Aufgabe stellt sich nicht nur dem ORF sowie anderen öffentlich-rechtlichen Anstalten in Europa, sondern auch dem Gesetzgeber. Letztlich geht es immer auch um die Frage »cui bono« – wem nützt es?

Als die vierte Macht im Staate sind unabhängige Medien für eine funktionierende Demokratie unerlässlich. Es stellt sich aber die gesamtgesellschaftliche Herausforderung, wie freie, unabhängige und qualitätsvolle Medien erstens erhalten werden, und wie sie zweitens entsprechende Reichweiten in der Bevölkerung be- oder erhalten können. Social-Media ist über weite Strecken kostenlos, schnell und in der Qualität in der ganzen Bandbreite unterschiedlich. Und doch sparen sich immer mehr Menschen die Kosten für Printmedien und konsumieren auf der anderen Medienseite immer weniger die demokratiepolitisch wertvollen Qualitätsmedien. Was nützt der »beste« öffentlich-rechtlich finanzierte Sender, wenn er keine Reichweite mehr generiert? Für guten Journalismus im Internet zu bezahlen, leisten sich viele Menschen nicht. Abgesehen davon, dass es dringend Medienkompetenz in der Bildung braucht, schauen die klassischen Medien vorläufig mehr oder weniger hilflos zu, in Vorarlberg genauso wie anderswo.

Für Skandale sind die sozialen Medien allemal gut genug. Aber weil es aufsehenerregende Ereignisse immer geben wird und deren Aufdeckung zu einer funktionierenden Demokratie gehören, und damit auch die kommentierte Einordnung durch professionell agierende Journalistinnen und Journalisten, brauchen wir unabhängige und freie Medien, die sich ihrer Verantwortung für die Gesellschaft und für Einzelne bewusst sind. Summa summarum werden doch auch im »suberen Ländle« immer wieder die Winkel ausgekehrt und Skandale »produziert«, was für eine funktionierende Medienlandschaft spricht, in der es freilich mit der *Russ Verlag GmbH* einen multifunktionalen Platzhirsch gibt, der sich aber möglicherweise gerade deshalb um Äquidistanz bemüht und auch in der Skandalberichterstattung immer den entscheidenden Schritt voraus ist.

Literatur

Mayer, Elisabeth: *Widerspruch. Erinnerungen 1925–1945.* Ohne Ort 2019

Melichar, Peter: *Verdrängung und Expansion. Enteignungen und Rückstellungen in Vorarlberg.* Wien, München 2004

Pichler, Meinrad: *Nationalsozialismus in Vorarlberg. Opfer. Täter. Gegner.* Innsbruck 2012

Walser, Harald: *Bombengeschäfte. Vorarlbergs Wirtschaft in der NS-Zeit.* Bregenz 1989

Walser, Harald: *Die illegale NSDAP in Tirol und Vorarlberg 1933–1938.* Wien 1983

Harald Walser

»Legale« Raubzüge
Vorarlbergs Fabrikanten und das jüdische Vermögen

Es waren düstere und beängstigende Erlebnisse, die Elisabeth und ihre Geschwister jedes Mal beim Vorbeifahren am Jüdischen Friedhof in Hohenems plagten: »Nicht hinschauen!« – so lautete der klare Befehl der Mutter. 80 Jahre blieb Elisabeth das in beklemmender Erinnerung. Die Stimme der Mutter, so berichtet sie, habe geklungen, »als würde sie von etwas Gefährlichem, etwas Sexuellem sprechen. Dieser Aberglaube war ihr sicher nicht bewusst, aber uns Kindern machte er Angst«.

Woher nährte sich dieser »Aberglaube«? Elisabeth hatte nach dem Zweiten Weltkrieg studiert und wurde Psychoanalytikerin. Dabei arbeitete sie in einer bemerkenswert schonungslosen Weise auch ihre eigene Familiengeschichte auf. Diese hat symbolhaft mit dem Jüdischen Friedhof in Hohenems zu tun und handelt – unter anderem – von einer der größten Arisierungen in Wien nach dem sogenannten »Anschluss« Österreichs an das Deutsche Reich im März 1938. Und vom Profiteur: ihrem Vater Gustav Freiherr von Wagner-Wehrborn (1897 – 1939).

Der radikale Antisemit und bekennende Nationalsozialist hatte 1924 Elisabetha Hämmerle, die Enkelin des Ahnherrn der F.M. Hämmerle-Dynastie, geheiratet. Das älteste der drei Kinder aus dieser Ehe war Elisabeth (1925 – 2019).

Doch beginnen wir die Geschichte in den Jahren vor dem sogenannten »Anschluss« Österreichs an das Deutsche Reich.

Vorarlbergs »Fabrikanten« und die Nazis

Die Dornbirner Firma F.M. Hämmerle gehörte in Vorarlberg ebenso wie Franz M. Rhomberg in Dornbirn oder Carl Ganahl in Feldkirch schon zu Beginn der 30er-Jahre zu den Förderern der illegalen NSDAP. Das betraf in der Zeit des Austrofaschismus von 1933 bis zum »Anschluss« auch die bewusste Torpedierung der heimischen Wirtschaft. Die dadurch zunehmende Arbeitslosigkeit sollte die Stimmung gegen das austrofaschistische Regime von Engelbert Dollfuß und seinem Nachfolger Kurt Schuschnigg weiter anfachen.

In Berlin registrierte man das dankbar und entschädigte Unternehmen teilweise schon vor dem »Anschluss« für allfällige Gewinneinbrüche: F.M. Hämmerle etwa konnte schon 1934 eine Weberei in Meersburg am Bodensee »arisieren«. Zum dortigen Geschäftsführer wurde Gustav Wagner-Wehrborn bestellt, der nicht nur Aufträge des Dornbirner Unternehmens nach Meersburg und somit ins Deutsche Reich verlagerte, sondern auch die Produktionsmittel: Schon 1934 wurden 58 Jacquard-Webmaschinen in Dornbirn abgebaut und am deutschen Bodenseeufer wieder in Betrieb genommen.

Im firmeninternen Informationsblatt »Dreihammer« wurde das später auch unverblümt zugegeben: »Auch hier war die einzige Lösung, die damals in unseren Dornbirner Betrieben durch die in Gang befindliche Reorganisation freiwerdenden Arbeitskräfte zum Teil nach Meersburg zu verschieben.« »Freigeworden« waren aber auch Arbeitskräfte, die keine weitere Anstellung fanden: Anhänger des Austrofaschismus wurden ebenso entlassen wie die wenigen Kommunisten und Sozialdemokraten. Die Behörden waren weitgehend machtlos oder wollten sich mit den mächtigen Unternehmern nicht anlegen.

Wagner-Wehrborn hatte sich mehrfach um die Partei verdient gemacht, wurde in der »illegalen Zeit« daher auch öfter eingesperrt und war unter anderem im Anhaltelager Kaiersteinbruch im Burgenland inhaftiert. Der gebürtige Salzburger hatte also Erfahrung in Sachen Arisierung und sah daher im März 1938 seine Stunde gekommen. Und er sollte sich nicht täuschen: Auf ihn und weitere Vorarlberger Unternehmer und Firmen warteten »fette Brocken«. Man zögerte nicht, sich am Eigentum jüdischer – oder als jüdisch geltender – Menschen zu bereichern.

Arisierungen in Wien

In Vorarlberg allerdings waren die Möglichkeiten begrenzt. Die jüdische Gemeinde in Hohenems war schon ab dem ausgehenden 19. Jahrhundert stark geschrumpft. Die ehemalige Textilfabrik der Gebrüder Rosenthal im Hohenemser Ortsteil Schwefel mit weiteren Produktionsstandorten in Rankweil, Liechtenstein und in Böhmen war durch die judenfeindliche Stimmung und die Wirren des Ersten Weltkriegs schon 1916 verkauft worden. Hier war nicht mehr viel zu holen. Man wandte den Blick daher nach Wien.

Denn die großen Vorarlberger Förderer der NSDAP vor dem März 1938 hatten auch große Wünsche. Das damals weltbekannte Wiener Großkaufhaus Herzmansky war 1934 mehrheitlich in den Besitz von Max Delfiner gekommen, der es gewinnbringend führte, als Jude nach dem »Anschluss« aber nach Paris fliehen musste. Die Firma erhielt hochrangige kommissarische Verwalter, deren Hauptinteresse darin bestand, den Betrieb möglichst rasch zu »arisieren«. Das ging dann auch in Windeseile vor sich. So konnte das »Neue Wiener Tagblatt« schon am 17. März 1938 von der Übernahme des Kaufhauses durch die NSDAP berichten:

»[Das Kaufhaus A. Herzmansky] wurde von der Nationalsozialistischen Arbeiterpartei mit gestrigem Tage übernommen und wird von den Treuhändern, die Angestellte des Hauses und bewährte Parteigenossen sind, übernommen.«

Am 28. April 1938 – nur sechs Wochen später – konnten diese »Treuhänder« einen Erfolg bei ihrer Aufgabe verbuchen. An diesem Tag wurde ein Kaufvertrag unterzeichnet, der am 3. Mai 1938 vom Reichsstatthalter in Österreich und am 20. Juni 1938 von der für die »Arisierungen« zuständigen Vermögensverkehrsstelle – sie war von Hermann Göring eigens zur »Entjudung« der Wirtschaft in der »Ostmark« gegründet worden – genehmigt wurde: Demnach erwarben die beiden Vorarlberger Großunternehmen Franz M. Rhomberg und F.M. Hämmerle und ihre führenden Gesellschafter je zur Hälfte die gesamte Firma A. Herzmansky KG. Im Handelsregister schien bis zum 8. Juli 1938 auch noch Agnes Herzmansky als persönlich haftende Gesellschafterin auf. Die Eintragung wurde dann aber gelöscht. Nach der Kapitalaufstockung durch die Gesellschafterversammlung vom 23. Dezember 1938, die rückwirkend ab 28. April 1938 galt, hatte die Firma somit folgende Gesellschafter:

	Gesellschaftereinlage (in Reichsmark)
Gustav Freiherr von Wagner-Wehrborn	RM 120.000.–
Hermann Rhomberg	RM 120.000.–
Firma F.M. Hämmerle	RM 480.000.–
Firma Franz M. Rhomberg	RM 480.000.–

Zum Vergleich: Das Jahreseinkommen eines Arbeiters lag damals bei etwa 2.000 Reichsmark. Allein für die privaten Gesellschaftereinlagen von Wagner-Wehrborn oder Hermann Rhomberg musste ein Arbeiter also 60 Jahre arbeiten. Oder anders ausgedrückt: Beim heutigen mittleren Bruttojahreseinkommen von etwa 30.000 Euro käme man allein für die Privateinlage der beiden Gesellschafter auf einen Betrag von jeweils 1.800.000 Euro.

Schon diese Zahlen belegen, dass sich die Vorarlberger Textilunternehmen mit der Firma Herzmansky ein florierendes Warenhaus einverleibt hatten. Die Erwartungen waren auch sehr hoch, konnte man doch einen Jahresumsatz von mindestens 20 Millionen Reichsmark erwarten.

Das Unternehmen beschäftigte etwa 730 Personen und setzte schon in den Monaten vor dem »Anschluss« – in Reichsmark umgerechnet – monatlich knapp eine halbe Million um. Ab März aber setzte in der »Ostmark« ein wahrer Kaufrausch ein. Das ließ auch bei Herzmansky den Umsatz gewaltig in die Höhe schnellen. Die Bilanz für 1938 wies auch bereits einen Umsatz von fast 17 Millionen Reichsmark aus. Der gesamte Landesvoranschlag für das Land Vorarlberg für das Jahr 1938 machte nur etwa ein Drittel des Jahresumsatzes von Herzmansky aus – und dabei wurde der Kaufboom im Folgejahr sogar noch gesteigert:

Umsatz des Kaufhauses Herzmansky in RM

	1938	1939	Steigerung
Jänner	463.325,66	1.433.903,49	+ 209,5 %
Februar	463.255,83	1.535.011,44	+ 231,4 %
März	1.212.350,32	1.933.450,93	+ 59,5 %
April	1.232.248,37	1.885.742,92	+ 53,0 %
Mai	1.164.813,41	2.034.766,65	+ 74,7 %
Juni	954.835,03	1.933.403,53	+ 102,5 %

Für die neuen Eigentümer des Kaufhauses brachen in finanzieller Hinsicht jedenfalls goldene Zeiten an. Die Jahresbilanzen zeigen, wie lukrativ diese »Arisierung« für die Vorarlberger Unternehmer und ihre Firmen war: Herzmansky hatte in den Jahren vor dem »Anschluss« einen Umsatz von jeweils etwa 9,5 Millionen Schilling gemacht, umgerechnet nach dem offiziellen Kurs also jeweils etwas mehr als 6,3 Millionen Reichsmark. Allein das Jahr 1938 hatte mit über 16,7 Millionen Reichsmark eine Umsatzsteigerung von 265 Prozent (!) gebracht und die Tendenz war auch 1939 eindeutig steigend. Nimmt man die Monate März bis Juni zum Vergleich, so lässt sich für das Jahr 1939 – gleichbleibende Tendenz vorausgesetzt – ein Umsatz von über 29 Millionen Reichsmark erwarten. Dank der besseren Auslastung war die Gewinnentwicklung natürlich überproportional.

Ungereimtheiten

Dabei war die wirtschaftliche Lage des Unternehmens schon in der austrofaschistischen Zeit trotz der damals in Österreich herrschenden Wirtschaftskrise erstaunlich gut: 1936/37 machte Herzmansky einen Gewinn von umgerechnet 810.705,47 Reichsmark. Da sich der Umsatz bis 1938 mehr als verzweieinhalbfachte und bis 1939 wahrscheinlich mehr als vervierfachte, war der Kaufpreis, den die beiden Vorarlberger Firmen zu entrichten hatten, lächerlich gering: 600.000 Reichsmark.

Allein die Immobilien der Firma waren nach einer 1939 von der Vermögensverkehrsstelle in Auftrag gegebenen Bewertung weit mehr wert, und sogar der in der Bilanz ausgewiesene offizielle Buchwert der Liegenschaft zum 31. Jänner 1938 stand mit 607.250 Schilling in keinem Verhältnis zum Kaufpreis für die mit hohem Gewinn arbeitende Firma. Sogar bei der Bewertung des mobilen Vermögens war es laut Vermögensverkehrsstelle zu einem deutlichen Missverhältnis zwischen Buchwert und Kaufpreis gekommen – und dies trotz »reichlich hoher Abschreibungen«.

Bei der »Arisierung« von Herzmansky kam es zu weiteren Ungereimtheiten: Nach mehr als einer Verdoppelung des Umsatzes im »Euphoriejahr« 1938 merkte auch die SS mit einjähriger Verspätung, dass die Vorarlberger Fabrikanten einen viel zu niedrigen Kaufpreis bezahlt und die SS deshalb auch um einen Beuteanteil gebracht hatten.

Da es zusätzlich auch bei der Bewertung des Warenlagers Widersprüche gegeben hatte, forderte die Vermögensverkehrsstelle

1939 eine »Nacherhebung« von mindestens 700.000 Reichsmark. Sicherheitshalber aber – so wurde festgestellt – müsse das ganze Verfahren noch einmal überprüft werden.

Diese Überprüfung ließ offensichtlich auf sich warten, denn in einem Aktenvermerk vom 21. Juni 1944 heißt es, dass die »schon 1939 beantragte Überprüfung des Verfahrens […] bis heute nicht durchgeführt wurde«.

Hatten sich die guten Beziehungen der Dornbirner Eigentümer zu führenden Vertretern der NSDAP in Berlin, zur SS und zu den führenden Vertretern der zuständigen Wirtschaftsstellen so positiv ausgewirkt? Das ist den Akten natürlich nicht zu entnehmen.

Ein Faktum allerdings lässt darauf schließen: Die Dornbirner Firmenchefs wussten nämlich sehr gut, wie man sich die Gunst der führenden Männer im Reich sichert – speziell jener in der SS. Der damalige Wiener Gestapo-Chef Ernst Kaltenbrunner (1903–1946) – er stieg 1943 sogar zum Chef der Sicherheitspolizei und des Sicherheitsdiensts der SS im gesamten Reich auf – erhielt wohl zur Aufrechterhaltung des Wohlwollens für das Unternehmen und dessen neue Eigentümer das zur Firma Herzmansky gehörende Wohnhaus als standesgemäße Residenz. Kaltenbrunner wurde 1946 als Kriegsverbrecher hingerichtet.

Weitere Arisierungen

Wie auch immer: Die Vorarlberger Firmen waren mit dem Ergebnis der »Herzmansky-Transaktion« natürlich mehr als zufrieden und bewarben sich erfolgreich um weiteren Besitz von Menschen, die die Nationalsozialisten als Juden deklariert hatten. Am 15. Mai 1940 schrieb die Kontrollbank für Industrie und Handel an die Vermögensverkehrsstelle in Wien, dass mit Bewilligung des Reichswirtschaftsministeriums in Berlin »in den nächsten Tagen die Unternehmung H. Sternberg jun., Wien VII, Kaiserstraße 39« an die

Textilunternehmen Rhomberg und Hämmerle veräußert werden solle. Das einzige Problem, das zu diesem Zeitpunkt noch bestand, war eine »politische Unbedenklichkeitserklärung der beiden Kaufwerber«. Dieses »Problem« konnte sehr schnell gelöst werden.

Auch andere Vorarlberger Unternehmen nutzten die Möglichkeiten, die sich 1938 boten: So erwarb beispielsweise die Firma Ganahl & Co. das Unternehmen Nagler & Opler in Weigelsdorf (Niederösterreich) um einen Kaufpreis von 175.000 Reichsmark. Dieser Betrag wurde nicht etwa an den Eigentümer entrichtet, sondern diente nur zur Abstattung von Forderungen öffentlich-rechtlicher Körperschaften und privater Gläubiger. Zusätzlich war ein Betrag von 17.000 Reichsmark an die Vermögensverkehrsstelle zu zahlen.

Das Dornbirner »Kleiderhaus Richard Rhomberg« erwarb den Betrieb des 1938 aus Wien geflüchteten Heinrich Ronai in der Währingerstraße 85 – ein Kinderbekleidungsgeschäft. Da offensichtlich auch diese Transaktion zur Zufriedenheit des Kaufwerbers Richard Rhomberg abgewickelt wurde, kam es schon bald zu einer weiteren: Unter mehreren Interessenten wurde Richard Rhomberg die Genehmigung zum Erwerb des Herren- und Knabenkleiderherstellers »Kulik & Co.« erteilt. Rhomberg hatte sein Ansuchen in einem Schreiben vom 4. November 1938 damit begründet, dass er nach der Erwerbung des Kinderbekleidungsgeschäftes Ronai den Bedarf »trotz größter Anstrengungen mit den vorhandenen Schneidern nicht befriedigen könne: Somit ist die Beschaffung der Fertigware durch die großen Erzeugungsschwierigkeiten zur Existenzfrage des Unternehmens geworden [...] Das Geschäft (Ronai; d.V.) ist eines der bedeutendsten für Währing und die Bevölkerung ist sehr ungehalten, daß kein Lager insbesondere von billigen Qualitäten vorhanden ist. Es muß daher unter allen Umständen rasche Abhilfe dieser Übelstände geschaffen werden.«

Die Vermögensverkehrsstelle ließ die »ungehaltene Bevölkerung« nicht lange warten und befürwortete mit 25. Jänner 1939 den

Verkauf an Richard Rhomberg, der – so die offizielle Begründung – »hier als Illegaler und Nationalsozialist bestens bekannt ist«.

Auch leitende Angestellte der Vorarlberger Unternehmen in den Wiener Zweigbetrieben profitierten von den sich bietenden Möglichkeiten. So gehörte dem Geschäftsführer von Franz M. Rhomberg sein Wohnhaus in Wien zur Hälfte, die andere Hälfte war im Eigentum von Firmenchef Hermann Rhomberg. Der Kauf dieser Liegenschaft wurde am 8. beziehungsweise 15. April 1939 abgewickelt – der vormalige Eigentümer, der das Haus bis dahin an die Firma vermietet hatte, war Jude. Da Hermann Rhomberg wenige Tage später ein weiteres Haus erwarb, meinte sein Rechtsanwalt, den »Papierkrieg« abkürzen und auf die neuerliche Ausfertigung der bei »Arisierungen« notwendigen Formblätter verzichten zu können. Nur auf eines konnte man im NS-Staat offensichtlich nie verzichten:

»Ich glaube daher diesbezüglich nicht neuerlich ein Formblatt beischließen zu müssen, lege aber die eidesstattliche Erklärung des Herrn Hermann Rhomberg über seine arische Abstammung bei.«

Rhomberg hatte es geschafft: Der Vorarlberger mit besten Beziehungen bis in die höchsten Kreise von NSDAP und SS war nicht nur als »Ariseur« erfolgreich, sondern stieg auch in den exklusiven Kreis der deutschen »Wirtschaftsführer« auf. Ende 1938 wird er auch zum Verwaltungsrat der Kreditanstalt (CA) bestellt und nutzt seine vielen Funktionen – meist im Zusammenspiel mit Wagner-Wehrborn oder anderen führenden Vertretern von F.M. Hämmerle – um weitere Betriebe zu »arisieren«: Nach der Aneignung der Herrenwäschefirma »Sternberg & Co« erlangen die Dornbirner Unternehmer nun auch noch die Aktienmehrheit der ehemals »jüdischen« »Zellwolle Lenzing AG« – gemeinsam mit unter anderen den Vorarlberger Firmen »Herrburger & Rhomberg« in Dornbirn, »Getzner, Mutter & Cie.« in Bludenz, »Carl Ganahl & Co.« in Feldkirch und den Textilwerken »Schindler & Cie.« in Kennelbach.

Ein großer Coup, zumal Zellwolle mit den Einfuhr-Restriktionen für Baumwolle nach Kriegsbeginn 1939 immer wichtiger wurde.

Dass die Firmen F.M. Hämmerle und Franz M. Rhomberg ihre blendenden Beziehungen mitten im Krieg dazu benutzten, dass die einzige große Rüstungsfirma des Landes, die nicht-jüdischen Rüsch-Werke in Dornbirn, solange keine großen Aufträge erhielt, bis der Besitzer Max Wehinger sein Unternehmen im Dezember 1941 schließlich entnervt an die beiden Großbetriebe verkaufte, sei hier nur noch am Rande erwähnt. Wehinger kommentierte das in einem Brief aus dem Jahr 1941 folgendermaßen: »Ich musste unter Zwang seit einem halben Jahr dauernder fortgesetzter Drohung des Rüstungskommandos unser Werk an die neue Firma A. Rüsch-Werke & Co. verkaufen.« Als alleiniger Eigentümer übernahm die Firma F.M. Hämmerle schließlich noch die Weberei Teesdorf-Schönau AG.«

Staatliche Aufträge und hohe Positionen für die NS-Unternehmer waren gang und gäbe und ermöglichten den Betrieben auch im Kriege die Aufrechterhaltung der Produktion.

So forderte die Wehrwirtschaftsinspektion Salzburg vom Rüstungskommando Innsbruck unmittelbar nach Kriegsbeginn eine Liste von prominenten und politisch zuverlässigen »Wirtschaftsführern« an, die im Krieg in entsprechende Positionen aufrücken könnten. Drei der fünf für den Gau Tirol-Vorarlberg ausgewählten Persönlichkeiten stammten aus Vorarlberg: Gustav Wagner-Wehrborn von der Firma F.M. Hämmerle, Hermann Rhomberg von Franz M. Rhomberg und Hans Ganahl von der Firma Carl Ganahl.

Immer obenauf

In diesem Zusammenhang kann auf ein anderes Phänomen hingewiesen werden: In Bezug auf die Wirtschaftseliten des Landes ist vor, während und nach der NS-Zeit kaum ein Wandel eingetreten. Nicht wenigen »Wirtschaftsführern« gelang es nämlich, sowohl in der austrofaschistischen Ära als auch in der Zeit des Nationalsozialismus sowie in der Nachkriegszeit führende politische beziehungsweise wirtschaftspolitische Positionen (Handelskammer, Dornbirner Messe) einzunehmen. Zu nennen sind in diesem Zusammenhang die Industriellen Rudolf Hämmerle, Hans Ganahl und Hermann Rhomberg, auf deren Karrieren vor, während und nach der NS-Zeit im Verlauf dieses Beitrags mehrfach Bezug genommen wird. An diesen Personen wird auch deutlich, dass dieser unterbliebene Elitenwandel nicht nur für die Wirtschaftselite, sondern – zumindest zum Teil – auch in Bezug auf die politische Elite gilt.

So war Hans Ganahl vor, während und nach der NS-Zeit Präsident der Vorarlberger Handelskammer. Im September 1938 gab er diese Funktion freiwillig ab, da die Errichtung einer Gauwirtschaftskammer Tirol-Vorarlberg bevorstand. In der austrofaschistischen Ära war er als Vertreter der Industrie Landtagsabgeordneter gewesen. Dennoch galt er den Nationalsozialisten nicht als Gegner, sondern als überaus vertrauenswürdiger »Wirtschaftsführer«, wie seine Aufnahme in die oben erwähnte exklusive Liste politisch zuverlässiger »Wirtschaftsführer«, die mit entsprechenden Aufgaben betraut werden konnten, belegt. 1949 wurde Ganahl – nachdem er zuvor als ehemaliger Nationalsozialist längere Zeit im Anhaltelager Brederis interniert worden war – für die ÖVP in den Vorarlberger Landtag gewählt. 1950 wurde er auch erneut Handelskammerpräsident.

Auch Hermann Rhomberg machte wie Hans Ganahl vor, während und nach der NS-Zeit Karriere. In den 30er-Jahren expandierte die Firma Franz M. Rhomberg unter seiner Führung durch den Ankauf einer Baumwollspinnerei in Rankweil (1932) und der bekannten Seidenspinnerei J.G. Ulmer in Dornbirn–Schwefel (1934), der größten Seidenspinnerei Österreichs. In der austrofaschistischen Zeit wurde er als Vertreter der Industrie in den Vorarlberger Landtag berufen und am 4. Februar 1938 zum Mitglied des Beirates für Handelsstatistik ernannt. Auch in der NS-Zeit nahm er hohe Positionen ein: Er wirkte als Luftwaffenbeauftragter für den Wehrkreis XVIII (Tirol-Vorarlberg, Salzburg, Kärnten, Steiermark und nordjugoslawische Gebiete) und als Vizepräsident der Gauwirtschaftskammer Tirol-Vorarlberg. Als »Illegaler« hatte er eine bevorzugte NSDAP-Parteinummer erhalten: 6.360.950. Auch dem paramilitärischen »Nationalsozialistischen Kraftfahrkorps« gehörte Rhomberg in führender Stellung an. Es verwundert denn auch nicht, dass sein Unternehmen 1939 zum »NS-Musterbetrieb« ernannt worden ist. Diese Auszeichnung teilte er mit insgesamt nur elf weiteren Textilbetrieben im gesamten Deutschen Reich.

Nach dem Krieg gründete Hermann Rhomberg 1949 die Dornbirner Messe und stand ihr jahrelang als Präsident vor. 1960 wurde er zum Ehrenbürger der Stadt Dornbirn ernannt. Ein Jahr später erhielt er von Bundespräsident Heinrich Lübke das »Verdienstkreuz Erster Klasse des Verdienstordens der Bundesrepublik Deutschland«. Von 1955 bis 1965 war er stellvertretender Obmann der Sektion Industrie in der Vorarlberger Handelskammer. Neben diesen hatte er eine Vielzahl weiterer Funktionen.

Ein weiteres Beispiel: Rudolf Hämmerle von der Firma F.M. Hämmerle hatte die NSDAP schon in der »illegalen Zeit« nachweislich unterstützt. Dennoch war er auch in der austrofaschistischen Ära als Dornbirner Stadtrat politisch tätig. Nach dem »Anschluss« setzte er diese Tätigkeit als »Ratsherr« der Stadt Dornbirn fort. Schon im März 1931 war er der SS beigetreten, nach 1938 erhielt er die Mitgliedsnummer 297.129. Der NSDAP trat er 1932 bei. In der NS-Zeit war er in einer Vielzahl von Funktionen tätig: als Beirat in der Industrie- und Handelskammer, in der Wirtschaftskammer Alpenland, in der Fachgruppe Textil usw. Wie Hans Ganahl und Hermann Rhomberg wurde auch er nach 1945 als »Schwerbelasteter« im Anhaltelager für Nationalsozialisten in Brederis eingesperrt.

Seiner politischen Karriere tat das freilich keinen Abbruch: Ab 1950 war er wieder im Dornbirner Stadtrat, wirkte als Obmann der Sektion Industrie in der Handelskammer, als Vizepräsident der Vereinigung Österreichischer Unternehmer, Landesgruppe Vorarlberg, als Präsident der selbständigen Wirtschaftreibenden und in vielen anderen Funktionen. Der Höhepunkt seiner Karriere war die Zeit von 1962 bis 1970: Als Vertreter der ÖVP war er Abgeordneter zum österreichischen Nationalrat.

Während also die meisten bedeutenden Dornbirner »Wirtschaftsführer« trotz ihrer hohen Funktionen in der NSDAP und der SS das Ende der nationalsozialistischen Gewaltherrschaft mehr oder weniger unbeschadet überstanden hatten – von kurzen Internierungen im Anhaltelager für Nationalsozialisten in Brederis abgesehen – und auch nach Kriegsende 1945 hohe Funktionen in der Zweiten Republik einnahmen, gab es mit dem eingangs erwähnten Gustav Wagner-Wehrborn eine Ausnahme.

Auf die seltsame Furcht seiner Frau vor allem Jüdischen ist bereits eingangs hingewiesen worden. Ihre Kinder mussten sogar beim Vorbeifahren am Hohenemser Jüdischen Friedhof auf die andere Seite schauen. In den Erinnerungen von Wagner-Wehrborns Tochter Elisabeth wird deutlich, woher diese Angst gekommen sein könnte: Bei der »Arisierung« des Kaufhauses Herzmansky soll der jüdische Besitzer Max Delfiner zu den beiden Vorarlberger »Ariseuren« gesagt haben, sie seien »schlechte Menschen«: »Sie werden noch Unheil erleben!«

Elisabeth erinnert sich: »Meine Mutter sprach das Wort ›Unheil‹ geheimnisvoll aus, in ihrer Stimme waren Angst und mir schon aus der Kindheit bekannter Aberglaube.« Dieser Aberglaube wurde Anfang September 1939 wohl dadurch bestärkt, dass die erste Gefallenenmeldung in Dornbirn den Oberleutnant Gustav Wagner-Wehrborn betraf. Das angekündigte »Unheil« war für den »Ariseur« eingetreten.

Literatur

Egger, Gernot: *Ausgrenzen, erfassen, vernichten. Arme und »Irre« in Vorarlberg.* Bregenz 1990

Grabher, Michael: *Irmfried Eberl. »Euthanasie«-Arzt und Kommandant von Treblinka.* Frankfurt a. M. 2006

Holzknecht, Severin: *Hans Nägele. 1884-1973. Wie lange lässt sich Vergangenheit bewältigen, indem man sie vergessen macht?* Innsbruck 2021

Pichler, Meinrad: *Nationalsozialismus in Vorarlberg. Opfer – Täter – Gegner.* Innsbruck 2012 (= Nationalsozialismus in den österreichischen Bundesländern, Band 3)

Walser, Harald (Hg.): *Die NS-Opfer der Kummenberg-Gemeinden.* Bregenz 2019

Harald Walser

Ohne Strafe und ohne Reue
Die NS-Verbrecher aus Vorarlberg

Lange waren sie in Vorarlberg auch geschichtlich Interessierten weitgehend unbekannt: die NS-Verbrecher aus unserem Land. In letzter Zeit ist es vor allem Werner Bundschuh (»Menschenverächter«, 2022) und Meinrad Pichler (»Nationalsozialismus in Vorarlberg. Opfer – Täter – Gegner«, 2012) gelungen, die Thematik einer breiteren Öffentlichkeit bewusst zu machen. Auch die von den »Vorarlberger Nachrichten« angestoßene breite öffentliche Debatte um den Silbertaler NS-Täter Josef Vallaster hat dazu wesentlich beigetragen.

Im oben erwähnten Buch von Werner Bundschuh sind acht Studien von Autoren zu fanatischen Vorbereitern, Unterstützern und willigen Vollstreckern des NS-Rassenwahns zusammengefasst.

Da wäre beispielsweise Josef Hämmerle, der als stellvertretender Getto-Kommandant in Litzmannstadt/Łódź gewirkt hat und als »Buchhalter des Todes« bezeichnet wurde. In diesem Getto wurden in der Zeit von 1940 bis 1944 etwa 160.000 Menschen eingepfercht und schließlich zum Großteil im Vernichtungslager Kulmhof/Chelmno und in Auschwitz ermordet.

Als ein ideologischer Wegbereiter der nationalsozialistischen Umvolkungspolitik, die im Massenmord des Krieges und des KZ-Systems mündete, ist Universitätsprofessor DDr. Ferdinand Ulmer zu bezeichnen. Der gebürtige Dornbirner war Mitglied in der Prager »Reinhard-Heydrich-Stiftung« und Leiter von deren »Volkswirtschaftlichem Institut«. Hauptaufgabe der Stiftung war es, die »wissenschaftlichen« Grundlagen zur Ausplünderung und Vertreibung bis hin zur Ermordung der tschechischen Bevölkerung zu liefern. Nach dem Krieg wurde der 1942 an der Universität Prag zum Professor ernannte Ulmer wieder Professor, diesmal in Innsbruck, und machte in der Vorläuferorganisation der FPÖ als Landesrat in der Vorarlberger Landesregierung und als Bundesrat Karriere. 1963/64 wurde er sogar Rektor der Innsbrucker Universität.

Auch die NS-Verstrickungen von Rechtsanwalt Dr. Harald Eberl, dem Bruder des in diesem Aufsatz weiter unten ausführlicher vorgestellten KZ-Kommandanten und »Euthanasiearztes« Dr. Irmfried Eberl, sowie Aufstieg, Fall und Wiederaufstieg des Richters und Staatsanwalts Dr. Herbert Möller werden thematisiert. Möllers Wirken am damaligen »Landgericht Feldkirch« und seine vielen Todesurteile haben bei Kriegsende dazu geführt, dass er von der aufgebrachten Feldkircher Bevölkerung beinahe gelyncht worden wäre und nur von eingreifenden Soldaten der französischen Armee gerettet werden konnte. Das tat seiner Nachkriegskarriere keinen Abbruch: Er endete als Richter am Obersten Gerichtshof in Wien.

Nicht zu vergessen der Bregenzer Herbert Kiene, der sich als »Vetter« von Reichsführer-SS Heinrich Himmler bezeichnete. Er war in den berüchtigten Sonderkommandos in der Sowjetunion eingesetzt und direkt am Völkermord beteiligt. Das gilt auch für Robert Barth, der in einer Mordbrigade in der Ukraine tätig war. Beide blieben von der Justiz unbehelligt.

Ungesühnt blieb übrigens auch die Tätigkeit von Anton Plankensteiner am Volksgerichtshof: Der ehemalige Vorarlberger NS-Landeshauptmann wurde nach 1945 zwar vor Gericht gestellt und abgeurteilt. Die Tätigkeit als Richter am Volksgerichtshof hätte aber zwingend zu einem Todesurteil führen müssen – sie blieb im Prozess aber aus nicht nachvollziehbaren Gründen unerwähnt.

Daneben gab es im Land auch Schreibtischtäter wie den Hohenemser Bruno Amann (1913–1963), der mit seinem Buch »Das Welt-

bild des Judentums. Grundlagen des rassischen Antisemitismus«
den nationalsozialistischen Massenmord an Jüdinnen und Juden,
Menschen mit Behinderung, Sinti und Roma usw. ideologisch vorbereitet und begleitet hat. Das gilt auch für den aus Götzis stam-
menden »Durchhalte-Journalisten« Hans Nägele (1884–1973),
den Chefredakteur des nationalsozialistischen »Vorarlberger Tag-
blatts«.

Schauen wir uns im Folgenden aber einige weitere Männer an,
die wie Hämmerle, Kiene und Barth sogar direkt in die NS-Mord-
maschinerie eingebunden waren. Eines haben sie mit den
»Schreibtischtätern« gemeinsam: Ihre Taten wurden nach 1945
von der Justiz nicht oder nur widerwillig aufgegriffen. Auf den Arzt
Dr. Josef Vonbun (1902–1984) soll vor allem deshalb etwas genauer eingegangen werden, weil seine unverhohlene Bereitschaft
zur Mitwirkung am Massenmord und seine unfassbare Gleichgül-
tigkeit gegenüber dem Leiden der Opfer – auch gegenüber der
eigenen Tochter – in den 60er-Jahren von den Behörden penibel
dokumentiert wurden und dennoch ohne strafrechtliche Folgen
blieben.

Während vor den eigens zur gerichtlichen Aufarbeitung 1945
gegründeten »Volksgerichten« in den ersten Jahren noch etliche
NS-Verbrecher verurteilt wurden, begann diesbezüglich mit dem
»Kalten Krieg« ab etwa 1947 der Elan zu erlahmen. Mit ein Grund
dafür war, dass ein Großteil der Richter und viele Schöffen vor der
Befreiung vom Nationalsozialismus selbst Mitglieder der NSDAP
oder ihrer Gliederungen gewesen waren. Das ist mit ein Grund für
die vielen Freisprüche und milden Urteile.

Erst kürzlich wurde im österreichischen Justizministerium der
Abschlussbericht einer Arbeitsgruppe präsentiert, die sowohl Urteile wegen NS-Tötungsverbrechen in Österreich als auch die von
Staatsanwaltschaften eingeleiteten etwa 1.000 Untersuchungsver-
fahren geprüft hat. Das Ergebnis: Bis zum Staatsvertrag 1955 gab
es Urteile in 511 Prozessen, danach nur noch 49, von denen mehr

als die Hälfte mit einem Freispruch endeten. Das letzte Urteil datiert aus dem Jahre 1975.

Danach gab es nur noch einen, allerdings spektakulären, Fall: Der jahrzehntelang als Gerichtsgutachter tätig gewesene Psychiater Heinrich Gross (1915–2005) stand wegen seiner Beteiligung an der Mordaktion gegen Menschen mit Behinderung oder soziale Außenseiter am 21. März 2000 vor Gericht. Das Verfahren wurde am selben Tag wegen angeblicher Verhandlungsunfähigkeit des Angeklagten »vorläufig« abgebrochen. Gross starb im Jahr 2005 unbehelligt.

Nicht zuletzt dieser Fall veranlasste den israelischen Historiker Efraim Zuroff am 2. Februar 2006 im »Standard«, Österreich als »Paradies für NS-Verbrecher« zu bezeichnen. Inzwischen allerdings ist das »Dokumentationsarchiv des österreichischen Widerstandes« (DÖW) als Forschungsstelle zur Nachkriegsjustiz in Österreich – wenn auch nur mit bescheidenen Mitteln ausgestattet – eingerichtet worden. Die dortigen Forscherinnen und Forscher machen ihre Arbeit praktisch ehrenamtlich. Das DÖW plant eine öffentlich zugängliche Datensammlung der Judikatur zu NS-Verbrechen.

Für alle im Folgenden vorgestellten drei Männer aus Vorarlberg gilt: Auf »Befehlsnotstand« konnten sie sich nicht berufen. Sie handelten aus Eigeninitiative und als Überzeugungstäter. Mit dem Bregenzer Arzt Dr. Irmfried Eberl (1910–1948) stammte sogar einer der größten Massenmörder der NS-Zeit aus Vorarlberg.

Dr. Irmfried Eberl

Eberl wurde als zweites von drei Kindern in eine stramm deutsch-nationale Familie in Bregenz geboren. Sein Vater war schon früh für die NSDAP aktiv und verlor deshalb seinen Job im öffentlichen Dienst, sein Bruder Harald (1902–1990) war als Schüler in der schlagenden Mittelschulverbindung »Nibelungia«, auf der Universität Innsbruck dann der »Germania« und später wie sein Vater und Bruder Irmfried in der NSDAP aktiv. Nach dem »Anschluss« Österreichs an das Deutsche Reich im März 1938 wurde Harald Eberl Vorarlberger Landesrat für Finanzen.

Sein Bruder Irmfried promovierte 1935 und emigrierte schon ein Jahr später nach Deutschland, wo es für junge Ärzte mit der »richtigen« Gesinnung riesige Karrierechancen gab. Schon sehr früh war er in die mit den verharmlosenden Begriffen »Euthanasie« oder »Aktion Gnadentod« bezeichneten Mordaktionen an Menschen mit Behinderung oder sozialen Außenseitern eingebunden. Nach dem Krieg wurde der Begriff »Aktion T4« üblich, benannt nach der Leitzentrale der Aktion in der Tiergartenstraße 4 in Berlin. Der Mordaktion an unheilbar Kranken fielen insgesamt etwa 200.000 Menschen zum Opfer, etwa 30.000 davon auf dem Gebiet des heutigen Österreich.

Eberl wurde im Jänner 1940 Leiter der Tötungsanstalt Brandenburg. Nach der Auflösung dieser Anstalt im Herbst desselben Jahres wurde er zum medizinischen Leiter der Tötungsanstalt Bernburg ernannt. In dieser Zeit erwarb er sich bei der Ermordung von Menschen mit Giftgas jene Erfahrungen, die ihm einen weiteren Karriereschritt ermöglichten.

Eberl wurde im Sommer 1942 zum ersten Kommandanten des – nach Auschwitz – zweitgrößten NS-Vernichtungslagers Treblinka ernannt. Doch schon nach wenigen Monaten wurde klar, dass er der Herausforderung organisatorisch nicht gewachsen war. Bei einer Inspektion stellte SS-Gruppenführer Odilo Globocnik (1904–1945) unhaltbare Zustände fest. Herumliegende Leichen und ein entsprechender Gestank machten den Menschen ankommender Transporte sofort klar, was mit ihnen geschehen würde. Das erschwerte den reibungslosen Ablauf der Ermordung und erhöhte die Seuchengefahr – auch für die SS-Männer. Eberl wurde deshalb umgehend seines Amtes enthoben.

Nach dem Krieg konnte er zunächst ungestört praktizieren, wurde dann im Jänner 1948 verhaftet und beging wenige Wochen später in seiner Gefängniszelle Selbstmord.

Josef Vallaster

Ein anderer Fall, der in Vorarlberg spät, aber doch bekannt geworden ist, ist jener des Silbertaler Bauernknechts Josef Vallaster (1910–1943). Er floh schon 1933 nach Deutschland, wurde Mitglied der »Österreichischen Legion«, die von Hitler allerdings aufgelöst wurde, nachdem der Putschversuch der österreichischen Nazis im Juli 1934 gescheitert und ein geplanter Einmarsch der Legion zur »Befreiung der Ostmark« nicht mehr möglich war.

Vallaster versuchte sich danach in Zivilberufen, bevor er eine sehr gut dotierte Stelle in der Mordaktion »Aktion T4« bekam. Der gebürtige Silbertaler wurde als »Brenner« im Schloss Hartheim plötzlich Herr über Leben und Tod. Zudem erhielten die Täter eine überdurchschnittliche Entlohnung: Neben dem monatlichen Nettolohn von 170 Reichsmark (RM) – das entsprach in etwa dem Durchschnittslohn eines Arbeiters – kamen Vallaster und die anderen »Brenner« mit der Trennungszulage, freier Unterkunft und Verpflegung sowie einer Erschwernis-Zulage und Schweigeprämie auf das doppelte Gehalt. Zusätzlich gab es täglich einen Viertelliter Schnaps.

So wie die meisten anderen seiner Kollegen in Hartheim und den anderen Tötungseinrichtungen wurde Vallaster ab 1942 in den

Vernichtungslagern im Osten eingesetzt. Es waren nicht zuletzt die Erfahrungen bei Vergasungsaktionen in Hartheim, die ihn im Vernichtungslager Sobibór zu einem gefürchteten KZ-Aufseher werden ließen. Seine Aufgabe war die Überwachung der Ermordung der Opfer in den Gaskammern sowie deren anschließende Verbrennung durch Häftlingskommandos.

Bei einem Häftlingsaufstand im Oktober 1943 wurde Vallaster erschlagen. Pikantes Detail am Rande: Im Jahre 2007 wurde durch einen Artikel in den »Vorarlberger Nachrichten« bekannt, dass sich der Name des Kriegsverbrechers als »Gefallener« auf dem Krieger-denkmal seiner Heimatgemeinde Silbertal befindet. Nach einer breiten öffentlichen Diskussion errichtete die Gemeinde schließlich drei Jahre später ein neues Denkmal und einen Gedenkhain.

In meiner Funktion als Nationalratsabgeordneter habe ich im Mai 2012 auf den Skandal hingewiesen, dass dieser Kriegsverbrecher im »Totenbuch« der Krypta beim Burgtor in Wien verewigt ist. Alle ausländischen Staatsgäste legten hier Kränze vor »Opfern« wie Vallaster und anderen namentlich angeführten Verbrechern aus SS und Wehrmacht nieder. Der Name Vallaster wurde hierauf vom damaligen Verteidigungsminister Norbert Darabos zwar öffentlichkeitswirksam gestrichen, doch nach wie vor hat sich bis heute nichts Grundsätzliches an dieser offiziellen Gedenkstätte der Republik Österreich geändert.

Dr. Josef Vonbun

Ein weiterer williger Vollstrecker des NS-Massenmordes war der Arzt Josef Vonbun. Der gebürtige Feldkircher war Sohn eines Zollbeamten und hatte in Innsbruck Medizin studiert. Anschließend arbeitete er unter anderem in der niederösterreichischen »Landes-irrenanstalt« Mauer-Öhling. 1935 ließ sich Vonbun in Feldkirch als Facharzt für Neurologie und Psychiatrie nieder.

Als strammer Deutschnationaler wurde er schon in der »illegalen Zeit« Mitglied der NSDAP und mehrerer Unterorganisationen. Am 1. Dezember 1938 wurde der überzeugte Nationalsozialist von den NS-Machthabern zum Direktor der »Gau-Landes-Heil- und Pflegeanstalt Valduna« ernannt.

Der Ruf dieser Krankenanstalt war schon vor seinem Dienstantritt schlecht, daran hat sich auch unter seiner Leitung nichts geändert. Sogar die NS-Behörden mussten einschreiten, als ab 1939 Fälle schwerer Misshandlungen von Patientinnen und Patienten durch das Personal aktenkundig geworden waren – zumindest in einem Fall sogar mit Todesfolge. Kurz vor Beginn der Deportationen kam es Anfang 1941 auch zu sexuellen Übergriffen auf Patientinnen durch zwei Pfleger. Ein langwieriges Verfahren endete mehr als zwei Jahre später mit einer Verurteilung.

Das in der NS-Zeit meist schlecht qualifizierte Personal machte vielen Kranken und Behinderten das Leben zur Hölle. Auch durch Drohungen: »Es ist richtig, dass […] ein Wärter der Anstalt Valduna in betrunkenem Zustand einem renitenten Geisteskranken gegenüber geäussert haben soll: Wartet nur, jetzt werden wir euch verbrennen!« Das gab am 14. März 1963 Dr. Alfons Schweiger vor der Staatsanwaltschaft Konstanz zu Protokoll. Damals wurden dort Erhebungen gegen Josef Vonbun »wegen Beihilfe zum Mord« veranlasst. Die Folgen solcher Aussagen sind im Protokoll ebenfalls dokumentiert: Daraufhin seien »die Kranken schon ganz verängstigt aus der Anstalt Valduna nach Hall gekommen, weshalb sich dann auch bei ihrem Weitertransport in Hall diese erschreckenden Szenen abgespielt hätten«.

Schweiger war nur einer von vielen Zeugen. Bis es überhaupt zu diesem Verfahren in Konstanz kam, hatten die Justizbehörden fast 20 Jahre gebraucht. Vonbun wurde von Amtsärzten, Pflegern, Bürgermeistern und Heimleitern schwer belastet.

Als seine Frau im April 1941 nach einem gesunden auch ein gehirngeschädigtes Mädchen zur Welt gebracht hatte, diagnostizierte

der Vater eine »vererbte Gehirnkrankheit und angeborene Min-
derwertigkeit«. Daraufhin ließ er seine kleine Waltraud nach München bringen, wo sie mit einer Luminal-Spritze getötet wurde.
Seine Schwiegermutter Eleonore Stückler war mit der Diagnose
Schizophrenie Patientin der Valduna. Sie wurde von Dr. Vonbun
schon vier Monate vor seiner Tochter mit einem Transport in den
sicheren Tod in der Gaskammer von Hartheim geschickt.

In der Person Vonbuns zeigen sich die menschenverachtende
Brutalität und der Fanatismus, mit denen die mörderische »Euthanasie« im nationalsozialistischen Staat umgesetzt wurde. Er ließ
als Hauptverantwortlicher in Vorarlberg nicht nur hunderte Patienten ermorden, sondern schreckte auch vor der eigenen Familie
nicht zurück. Der Psychiater trennte sich von seiner Frau und kontaktierte im Juni 1944 einen »in erbbiologischen Fragen besonders
gut bewanderten Arzt«, der seiner Gattin psychische Defekte at-
testierte. Er wollte sich scheiden lassen und brachte mit dieser Vor-
gangsweise auch seine Frau in höchste Lebensgefahr, zumindest
drohte ihr die Sterilisierung. Das Kriegsende rettete sie vor dem
Tod oder der Verstümmelung.

Festgehalten werden muss: Dr. Josef Vonbun organisierte von
der Valduna aus die ersten Schritte hin zur Ermordung von Menschen. Von seinem fanatischen Eifer waren nicht nur die Patientinnen und Patienten der Valduna betroffen. Der Arzt durchkämmte
auch Pflegeheime in den Gemeinden nach möglichem »unwerten
Leben«. Obwohl er aktiver und willfähriger Vollstrecker der so genannten NS-Euthanasie in Vorarlberg war, gelang ihm ein relativ
problem- und vor allem strafloser Übergang in die Nachkriegsge-
sellschaft.

Trotz all dieser Erhebungsergebnisse stellte das zuständige Gericht das Verfahren 1966 schließlich ein. Es kann nur spekuliert
werden, ob das aufgrund vieler notwendiger Folgeprozesse wegen
der großen Anzahl involvierter Verdächtiger erfolgte oder aus anderen Gründen.

Die aus heutiger Sicht unfassbaren Handlungen Vonbuns entsprangen der NS-Ideologie und der Vorstellung, es gebe »lebensunwertes Leben«. Die Wurzeln der »Euthanasie« aber gehen weit zurück ins 19. Jahrhundert.

Während es ursprünglich darum ging, unheilbare und unter Schmerzen leidende Kranke auf deren Wunsch einen schnellen und schmerzlosen Tod zu ermöglichen, ging die Diskussion zu Beginn des 20. Jahrhunderts deutlich weiter. In der Weimarer Republik gaben der Psychiater Alfred Hoche und der Jurist Karl Binding eine Broschüre mit dem Titel »Die Freigabe der Vernichtung lebensunwerten Lebens« heraus, mit der die Verbrechen des Nationalsozialismus entscheidend vorbereitet wurden. Zumindest was Zwangssterilisierungen anbelangt, gab es die Diskussion und praktische Durchführung auch in anderen Ländern, sogar noch lange nach dem Zweiten Weltkrieg – beispielsweise in den USA, der Schweiz oder den skandinavischen Ländern. In den USA wurden bis 1964 mindestens 64.000 Menschen sterilisiert. In der Schweiz dauerte diese Praxis sogar bis in die 80er-Jahre.

Die geplante und systematisch durchgeführte Ermordung von kranken und behinderten Menschen aber gab es ausschließlich im nationalsozialistischen Deutschland. Eine gesetzliche Grundlage dafür hat es auch im NS-Staat nicht gegeben. Das Strafgesetzbuch verbot aktive Sterbehilfe sogar. Vonbuns Handlungen sind somit zwar konsequenter Ausdruck der NS-Weltanschauung und ihrer Vorstellung, es gebe »lebensunwertes Leben«, nicht aber der Gesetzeslage.

Widerstand gegen die »Euthanasie« gab es von staatlicher Seite nicht, sehr wohl aber – für die Machthaber unerwartet heftig – aus der Gesellschaft. Als Clemens August von Galen, Bischof von Münster in Westfalen, im Herbst 1941 in Predigten offen gegen die NS-Mordaktion auftrat, schreckten die Nationalsozialisten zurück und stoppten die Deportationen. Aus Vorarlberg waren zu diesem Zeitpunkt etwa 330 der inzwischen deportierten 550 Menschen ermordet worden. Weitere Opfer der in den folgenden Jahren praktizierten sogenannten »wilden Euthanasie« sind derzeit nicht belegt.

Dass praktisch alle Vorarlberger Täter von der Nachkriegsjustiz unbehelligt blieben, ist eines der dunkelsten Kapitel der Justizgeschichte. Werner Bundschuh hat im erwähnten Band aber zu Recht darauf hingewiesen, dass es dann doch noch einen Vorarlberger gab, der für seine Taten während der NS-Zeit vor Gericht gestellt wurde. Alfred Lusser (1911–1992), Kommandant des Gendarmeriepostens Schwarzach, war allerdings der Einzige. Er wurde 1969 zu sieben Jahren Gefängnis verurteilt, die er zumindest zum Teil auch verbüßen musste. Im Gegensatz zu seinen Taten empörte das im Land viele Menschen. So intervenierte etwa der Schwarzacher ÖVP-Bürgermeister ebenso für den vielfachen Mörder wie der ÖVP-Bundesrat Hans Bürkle.

Nolde Luger: Plakat für die Kabarettgruppe »Wühlmäuse« (1976)

Markus Barnay

Im Kampf um Ethik, Sitte und Moral
Zensur und Verbote im *suberen* Land vor dem Arlberg

Es kam in den 1960er-Jahren nicht oft vor, dass das kleine Land Vorarlberg weit über die eigenen Grenzen hinaus Schlagzeilen machte, aber hin und wieder war es doch der Fall: Wenn die holländische Königsfamilie zu ihrem alljährlichen Skiurlaub in Lech am Arlberg eintraf beispielsweise, aber auch, wenn Zehntausende gegen den vorgesehenen Namen eines Bodenseeschiffes demonstrierten. Im Frühjahr 1962 sorgte aber ein simples Blatt Papier für Hohn und Spott in der internationalen Presse: Der Bezirkshauptmann von Bregenz hatte es unterzeichnet und Kopien an alle Gemeinden geschickt, später folgten ihm seine Kollegen in Feldkirch und Bludenz. Sie erinnerten an ein Landesgesetz aus dem Jahr 1929 zur »Regelung von öffentlichen Tanzunterhaltungen«, in dem es hieß: »Tänze, die geeignet sind, das Sittlichkeitsgefühl zu verletzen, sind verboten.« Und einen solchen Tanz hatten die Herren entdeckt: »Die Bezirkshauptmannschaft Bregenz ist der Auffassung, dass der in letzter Zeit aufgekommene Modetanz ›Twist‹ geeignet ist, Ärgernis zu erregen und das Sittlichkeitsgefühl weiter Kreise der Bevölkerung zu verletzen.« Man solle deshalb im Fall von »Bewilligungen von Tanzunterhaltungen« (ja, die mussten beantragt und bewilligt werden!) ausdrücklich »als Beispiel eines verbotenen Tanzes den ›Twist‹ anführen.«

Das *Twistverbot* wurde zum Symbol einer hinterwäldlerischen, bigotten und rückwärtsgewandten Politik, die so gar nicht zum wirtschaftlichen Aufstieg des Landes passen mochte: Vorarlberg war längst zum Industrieland geworden, warb seit Jahrzehnten Arbeitskräfte aus anderen Regionen an und musste sich nach außen zumindest ein bisschen weltoffen zeigen. Aber der rigide Umgang mit gesellschaftlichen Entwicklungen, die den Hütern konservativer Weltbilder bedrohlich erschienen, hatte durchaus Tradition: »Die Trachten unserer Gebirgstäler bieten einen Schutz für die Eigenschaften der Talbewohner, heben sich wertvoll ab vom Modetand der Städter und halten viel modernes schädliches Wesen fern«, appellierte schon 1910 der spätere Landeshauptmann (und kurzzeitige Bundeskanzler) Otto Ender an die Abwehrkräfte der ländlichen Bevölkerung gegen die Einflüsse des aufkommenden Tourismus, oder, wie es damals noch treffender hieß, des *Fremdenverkehrs,* mit Betonung auf *Fremden.*

Das *Twistverbot* hatte allerdings keine allzu lange Lebensdauer. Nach ein paar Monaten wurde der Erlass wieder zurückgenommen, weniger weil sich kaum jemand daran hielt (die drohenden Geldstrafen hätten ja vor allem die Veranstalter getroffen), sondern weil längst ein Politikum daraus geworden war: Als Radio Vorarlberg berichtete, die Österreichische Bodenseeschifffahrt prüfe, ob man auf ihren Schiffen außerhalb des österreichischen Hoheitsgebietes Tanzveranstaltungen zur Umgehung des Twistverbots anbieten könne, beklagte der damalige Landeshauptmann Ulrich Ilg einen »Höhepunkt von Geschmacklosigkeit und Autoritätsschädigung gegenüber Landesbehörden«, was wiederum den damaligen Unterrichtsminister und ÖVP-Parteikollegen Heinrich Drimmel dazu veranlasste, zu spötteln, dass »Vorarlberg zur Gänze vom Misthaufen aus regiert« werde.

»Zuerst dem Herrgott verantwortlich«

Dabei war der Misthaufen des Nebenerwerbslandwirts Ulrich Ilg weniger ein Problem als dessen Bekenntnis, dass es seine vornehmste Aufgabe sei, »religiöse und kirchliche Belange zu schützen und zu fördern«. In bemerkenswerter Offenheit bekannte Ilg in seiner Autobiografie 1985 sein Verhältnis zur »Demokratie«: »Diese Auffassung von Demokratie, daß man zuerst dem Herrgott gegenüber verantwortlich ist und das tun muß, was man für das allgemeine Wohl als das Beste und Gerechteste erkennt, […] habe ich als wichtigen Grundsatz immer gepredigt.«[1] Und in der alltäglichen Politik auch umgesetzt: »Es gab […] Gelegenheit, mit Gesetzen und durch Verwaltungsakte für Ethik, Sitte und Moral einzutreten, so im Jugendschutzgesetz, beim Verbot von Filmen, bei der Regelung von Polizeistunden und dergleichen mehr. Hier konnte man fühlbar und augenscheinlich erleben, daß es nicht nur einen Herrgott, sondern auch einen Teufel gibt.«[2]

Den Teufel repräsentierten für die katholisch-konservativen Politiker schon seit Jahrzehnten all jene kulturellen und gesellschaftlichen Erscheinungen, die ohne den Segen der Kirche entstanden waren – von staatlichen Bildungseinrichtungen über Kulturvereine bis zu Freizeitaktivitäten: 1865 geißelte der Lustenauer Pfarrer das Theater als »eines der drei Sakramente des Teufels«[3], das katholische »Vorarlberger Volksblatt« fürchtete 1869 durch die Verstaatlichung des Schulwesens eine »sittliche Verwilderung«[4], und die liberalen, später deutschnationalen Turnvereine waren für die Konservativen ohnehin ein Hort der Unzucht, vor allem, wenn dabei Menschen beiderlei Geschlechts gemeinsam aktiv waren. Das galt auch noch bis weit ins 20. Jahrhundert hinein: Da herrschte in den öffentlichen Badeanstalten ohnehin noch strenge Geschlechtertrennung, doch auch am freien Bodenseeufer und an der Bregenzer Ach versuchten die katholischen Sittenwächter Frauen und Männer zu trennen: »Der Massenauftrieb von Menschenleibern gewährt ein tierisches Bild und weckt tierische Instinkte,«[5] befand das *Vorarlberger Volksblatt* und warnte vor einer weiteren Gefahr für die Jugend: »Wo christliche Sitte herrscht – nein, wo auch nur natürliche Schamhaftigkeit herrscht – gibt es gesetzliche Verbote gegen das unterschiedslose Baden beider Geschlechter. […] Zu einer Verirrung der jetzigen Zeit gehört auch das unterschiedslose Wandern von Burschen und Mädchen im Gebirge ohne eine Aufsicht und ohne alle Führung.«[6]

Kundmachung für das Baden mit Geschlechtertrennung an der Bregenzer Ach 1930 (abgedruckt im »Lauterachfenster« Nr. 39/Juli-August 2009)

Konsequenterweise verboten die Behörden während der katholisch-konservativen Dollfuß-Diktatur (1934–1938) die Mitgliedschaft von Jugendlichen in einschlägigen Vereinen: Anfang 1938 berichtete der Turnverein Bregenz auf der Jahreshauptversammlung, dass »infolge des Jugendverbotes« 57 Jugendliche aus dem Verein ausscheiden mussten – »die sich in einer weihevollen Turnstunde verabschiedeten«.[7] Wenige Wochen später durften sie wieder mitturnen: Nach der Machtübernahme der Nationalsozialisten wurden die strengen Sittlichkeitsregeln aufgelöst, stattdessen alle Vereine gleichgeschaltet und jene, die sich nicht der nationalsozialistischen Ideologie unterwarfen, liquidiert und verboten.

Swingverbot statt Twistverbot

Aber auch jetzt standen noch bestimmte Tanzformen auf der Zensurliste – wenn auch vordergründig, um »das heimische Brauchtum« zu schützen: 1939 verfügte der Tiroler Landeshauptmann und Gauleiter Franz Hofer, dass »das Spielen und Tanzen des Swing-Tanzes« bei »Veranstaltungen aller Art verboten« sei. Sein Amtskollege Plankensteiner verkündete das Verbot fast wortgleich für Vorarlberg – samt Erläuterung über die Definition des »Swing-Tanzes«: »Unter Swing sind alle jene Tänze zu verstehen, bei denen sich die Tanzpartner meist locker an den Armen fassen und in federnden Schwingungen der Knie- und Hüftgelenke hin und her bewegen.«[8] Die Definition des so unsittlichen Twist-Tanzes 23 Jahre später dürfte nicht viel anders ausgesehen haben.

Überregionales Aufsehen erregten die Vorarlberger Sittenwächter aber auch schon während der Ersten Republik: 1926 hatte der österreichische Verfassungsgerichtshof erklärt, die Aufhebung jeglicher Zensur durch die provisorische Nationalversammlung vom Oktober 1918 gelte nicht nur für die »Pressezensur«, sondern auch für »Theaterzensur«, also auch für Film und Theater.[9] Das hinderte die Vorarlberger Landesregierung nicht daran, 1927 ein neues Lichtspielgesetz zu beschließen, das ein Vorführverbot enthielt, wenn Filme nach Auffassung der Zensurbehörde »geeignet sind, die öffentliche Ruhe und Ordnung zu gefährden, das religiöse Empfinden zu verletzen oder eine entsittlichende oder verrohende Wirkung auf die Zuschauer auszuüben«.[10] In der Folge wurden regelmäßig Filme verboten (von Sergej Eisensteins »Panzerkreuzer

Potemkin« bis zur Verfilmung von Bizets Oper »Carmen« unter dem Titel »Der Teufel im Weibe«), wobei die Bescheide ebenso regelmäßig vom Verfassungsgerichtshof wieder aufgehoben wurden. Dazu kamen zahlreiche Eingriffe in Filme, aus denen »unsittliche« Szenen herausgeschnitten werden mussten.[11]

Die Filmzensur blieb auch nach 1945 eine tragende Säule der restriktiven Kulturpolitik Vorarlbergs: Zwischen 1955 und 1989 wurde in Vorarlberg die Vorführung von 341 Filmen verboten, weil sie der eigens eingesetzten Filmkommission zufolge Gewalt verherrlichten, die Jugend verdarben oder gegen sonst irgendein sittliches Empfinden verstießen. Damals lebten laut dem Kino-Experten Norbert Fink am deutschen Bodenseeufer mindestens 17 Kinos »vor allem von der Zensur oder der Selbstzensur in Vorarlberg« und es gehörte zu den beliebtesten Freizeitvergnügungen, am Wochenende ins Kino jenseits der deutschen Grenze zu fahren, um dort Filme zu sehen, die hierzulande verboten waren.

Einwandfreie Damenbekleidung gewünscht

Zensuriert wurde auch in anderen Sparten der Kultur: Das – private – »Theater für Vorarlberg« wurde zwar von der Landesregierung finanziell unterstützt, musste dafür aber regelmäßig seinen Spielplan vorlegen. Der Kulturreferent der Vorarlberger Landesregierung, Eugen Leissing, behielt es sich vor, den Spielplan gemäß den geltenden Regeln der Landesregierung zu beeinspruchen und die Stücke zu zensurieren. Was der katholischen Kirche missfallen könnte, hatte auf der Bühne nichts zu suchen. Und der missfiel in diesen Jahren einiges:

In Götzis wurde 1946 die Aufführung von Schillers »Kabale und Liebe« verboten, weil dem dortigen Katecheten der Selbstmord des jungen Helden nicht behagte – er entspreche in seiner Haltung »nicht den Richtlinien der katholischen Kirche«. Außerdem dürfe man keine Autoritäten kritisieren, damit sich der »redliche Führer« des Landes, Landeshauptmann Ulrich Ilg, nicht angegriffen fühle.

Zwei Jahre später ließ der Kirchenrat von Götzis den Intendanten wissen, er dürfe Verdis »La Traviata« nur dann auf die Bühne des Vereinshauses bringen, das zugleich als Pfarrheimsaal benutzt wurde, »wenn das Stück dem Inhalt und der Damenbekleidung nach einwandfrei ist und einer Pfarrheimbühne entspricht«.

Insgesamt 25 Aufführungen der neuen Landesbühne mussten in den ersten beiden Jahren abgesagt werden, weil den Gemeinden, in denen die Wanderbühne gastieren wollte, Stück oder Inszenierung nicht passten.

Und noch 1968 erklärte die Landesregierung in der von ihr herausgegebenen Broschüre zur Feier von »50 Jahre selbständiges Land Vorarlberg«: »Grundsätzliches Ziel der Vorarlberger Kulturpolitik ist die Förderung aller Bestrebungen, die das Glück der Menschen für Seele und Leib zum Ziel haben. Dies schließt insbesondere die Anerkennung und Respektierung der religiösen Werte in sich, die bei uns vor allem im Christentum verankert sind.«[12]

Nicht nur in der Kulturpolitik schloss Vorarlberg nach 1945 beinahe nahtlos an die Vorkriegsgeschichte an. Auch in anderen gesellschaftlichen Bereichen wurden die katholischen Vorstellungen von Ethik, Sitte und Moral hochgehalten. Wurde während der Ersten Republik noch »das unterschiedslose Baden beider Geschlechter« angeprangert, sollte jetzt wenigstens die Jugend vor den »Gefahren der erwachenden Leidenschaft« geschützt werden: Im Oktober 1945 verbot der Vorarlberger Landesschulrat allen schulpflichtigen Kindern die Mitwirkung in Sportvereinen, um die Jugend »vom sattsam bekannten ungesunden Wettbewerb fernzuhalten.«[13]

Pfadfinder und Subkultur

Das *Twistverbot* von 1962 war natürlich primär ein Hinweis darauf, dass die aktuellen Trends längst in den heimischen Vergnügungsstätten angekommen waren. Die waren allerdings vor allem den jungen und jung gebliebenen Erwachsenen vorbehalten. Das Freizeitangebot für Jugendliche hielt sich noch immer in engen Grenzen, auch wenn sie mittlerweile legal in Sportvereinen aktiv sein durften: Es gab daneben noch die Katholische Jugend, die Jungschar und die Pfadfinder – und sonst so gut wie nichts. Da war es auch kein Wunder, dass die ersten Aktivitäten in Richtung Alternativkultur von ehemaligen Pfadfindern ausgingen.

Anfang der 1970er Jahre hieß das Codewort für eine neue Jugendkultur »Flint«: Das war der Name jenes Open-Air-Festivals, das, ganz nach dem Vorbild des großen »Woodstock«, 1970 auf der Wiese neben dem Pfadfinderheim (!) nahe der Ruine Neuburg stattfand – mit Rock- und Popmusik, »Folk- und Protestsongs« und »engagierter Lyrik«, aufgeführt von heute noch immer bekannten und präsenten Musikern und Autoren wie Reinhold Bilgeri, Martin Hämmerle, Günther Sohm, Walter Batruel, Rolf Aberer oder Michael Köhlmeier, und besucht von rund 1.000 Jugendlichen und jungen Erwachsenen.

Zum Symbol wurde »FLINT« aber vor allem, weil es im folgenden Jahr, wenige Tage vor Beginn, aus fadenscheinigen Gründen verboten wurde – man hatte das Gelände kurzerhand unter »Naturschutz« gestellt, während wenige Meter weiter eine Autobahn gebaut wurde, für die man einen ganzen Berg in zwei Teile gesprengt hatte. Statt eines Festivals fand deshalb auf der besagten Baustelle eine Trauerfeier statt, bei der eine – ganz den katholischen Regeln entsprechende – Litanei vorgetragen wurde:

»O du unsere Landesregierung   *bitt für uns*
du Quell der Weisheit   *bitt für uns*
du Quell der Verbote   *bitt für uns*
…
du Born der Borniertheit   *bitt für uns*
…
du Erhalterin ehrwürdiger Traditionen *bitt für uns*
du Gönnerin von Trachtenkapellen   *bitt für uns*
du Erhalterin ehrwürdiger Moral   *bitt für uns*
…
du Stein unseres Anstosses   *bitt für uns*
du Ursache unserer Unzufriedenheit   *bitt für uns«* [14]

Die Hüter von Ordnung und Sicherheit fanden das nicht lustig, kontrollierten die Fahrzeuge der Teilnehmer und erließen schließlich auch Strafverfügungen gegen »Gammlergruppen«, die »einen Trauermarsch mit Geschrei vollführten«, was als »ärgerniserregendes Verhalten« unter Strafandrohung stand. [15]

Einige der Teilnehmer an der als Trauerfeier deklarierten Demonstration gründeten bald darauf einen Verein, der sich um die Errichtung eines autonomen Jugendhauses in Dornbirn bemühte – und sie gaben eine Zeitschrift heraus, die sich diesem Anliegen widmete. Sie hieß »SUBr« und spielte damit nicht nur auf den Wunsch nach alternativen Kulturformen, eben einer »Subkultur«, an, sondern auch auf die Rückständigkeit eines Landes, das Freiheiten einschränkte, um »subr« zu bleiben.

Nachtrag: Das Gesetz aus dem Jahr 1929, das öffentliche Tanzveranstaltungen unter sittliche Beobachtung stellte, wurde übrigens erst 1989 aufgehoben, ebenso wie die Filmzensur. Noch ein paar Jahre länger dauerte es, bis auch in Tanzschulen »federnde Schwingungen der Knie- und Hüftgelenke« ohne Einschränkungen erlaubt waren. Die entsprechende Bestimmung im Tanzschulgesetz wurde 1994 aufgehoben. Vorarlberg hatte es also ganz knapp geschafft, die in Gesetze und Verordnungen gegossenen Moralvorstellungen des 19. Jahrhunderts noch vor Beginn des 21. Jahrhunderts zu überwinden.

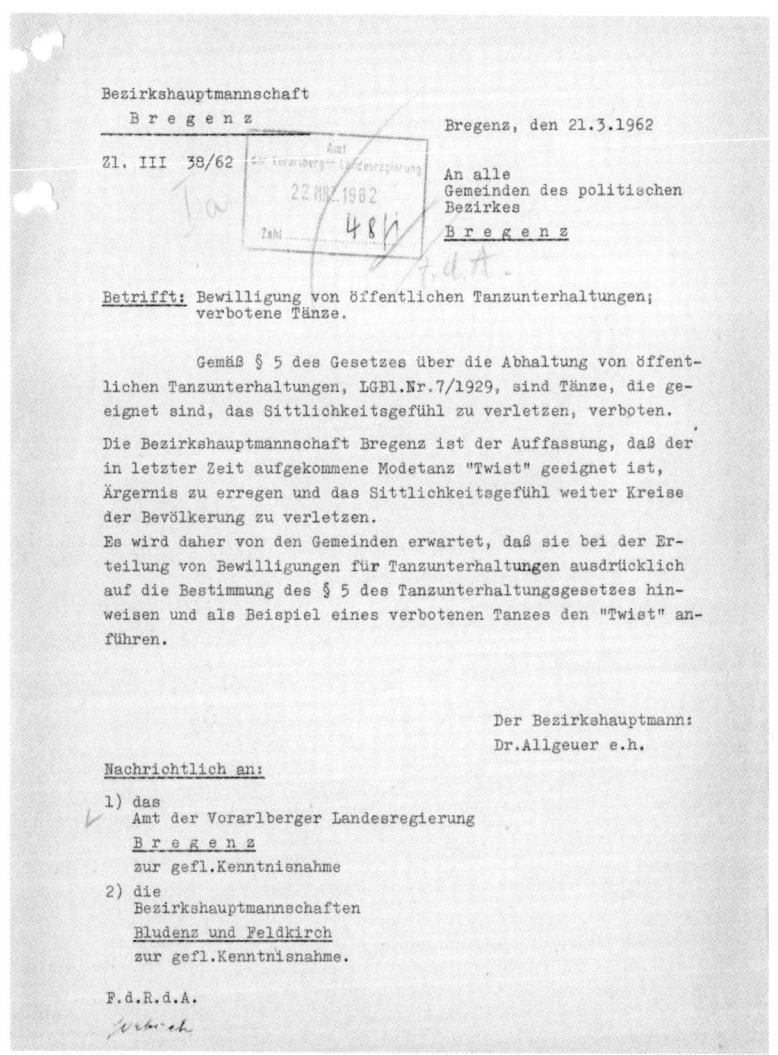

Schreiben der BH Bregenz an die Gemeinden zum »Twistverbot« (1962)

Fußnoten

1   Ilg, Ulrich: *Meine Lebenserinnerungen*. Dornbirn 1985, S. 76

2   ebd. S. 87 f

3   Meinrad Pichler: *Das Land Vorarlberg 1861 bis 2015*. Geschichte Vorarl-
    bergs, Band 3. Innsbruck 2015, S. 74

4   *Vorarlberger Volksblatt*, 20.4.1869

5   *Vorarlberger Volksblatt*, 22.8.1925, S. 10

6   *Vorarlberger Volksblatt*, 7.10.1925, S. 6

7   *Vorarlberger Tagblatt*, 22.1.1938, S. 2

8   Ulrich Nachbaur: *Zum Schutze heimischen Brauchtums. Das Swing-Verbot
    von 1939*. In: V-Dialog. Zeitschrift für Mitarbeiterinnen und Mitarbeiter der
    Vorarlberger Landesverwaltung Nr. 1/2008 (http://apps.vorarlberg.at/pdf/vd-
    081nachbaurswingverbot.pdf)

9   VfGH-Entscheidung B74/25 vom 18.03.1926

10 Vorarlberger Lichtspielgesetz vom 22.12.1927, § 17

11 Vgl. Norbert Fink, *Das Vorarlberger Kino Buch*, Lindau–Feldkirch 2016,
    S. 134

12 Vorarlberger Landesregierung (Hg.): *50 Jahre. Selbständiges Land Vorarlberg.
    1918–1968*. Bregenz 1968, S. 7

13 *50 Jahre Vorarlberger Sportverband*, Rankweil 1955, S. 15, zit. n. Christian
    Rhomberg: *Freizeit und Sport*. In Mathis/Weber: *Geschichte der österreichi-
    schen Bundesländer seit 1945. Vorarlberg*. Wien–Köln–Weimar 2000, S. 331

14 *Maschinengeschriebenes Manuskript*, 1971, Archiv Reinhold Luger

15 Vorarlberger Nachrichten 2.2.1981, zit. n. Ulrike Unterthurner: *Die Jugend-
    hausbewegung in Vorarlberg von 1968 bis 1984*, 2003, S. 17 f

Hans Peter Martin
Nachtschicht
Eine Betriebsreportage

SENSEN-VERLAG WIEN

Hans-Peter Martin

»Gastarbeiter« statt Maschinen
Wie Österreichs größtes Textilunternehmen den Faden verlor

F. M. Hämmerle präsentierte sich jahrzehntelang als »soziales Musterunternehmen«. Als junger Journalist arbeitete Hans-Peter Martin 1978 dort drei Monate lang im Akkord, recherchierte weiter und schrieb das Buch »Nachtschicht«. Damit wurden Ausbeutung, Demütigung und Gesetzesverstöße endlich öffentlich, auch üble Geschäftspraktiken. Arbeiter protestierten lautstark. Die Firmenleitung intervenierte, reformierte dann aber doch vieles. Ein fast vergessenes Lehrstück.

Die Macht war unübersehbar, doch auch das Agieren aus dem Hinterhalt machte sich bezahlt. Allein in Dornbirn betrieb die F.M. Hämmerle AG acht Firmenstandorte auf weitläufigen Flächen, vom Steinebach bis zum Gütle. Mit 2.200 Beschäftigten zählte kein anderes österreichisches Textilunternehmen in den 1970er-Jahren mehr Mitarbeiter. Im Geschäftsverkehr durfte es, staatlich besonders ausgezeichnet, das offizielle Bundeswappen verwenden. Fabriken und Villen, Lagerhäuser und mehr als 600 Wohnungen unterstanden dem sechsköpfigen, familiendominierten Vorstand. Der Vorsitzende Guntram Hämmerle war Handelskammerpräsident, ein anderes Vorstandsmitglied, Rudolf Hämmerle, residierte als »Königlicher Schwedischer Konsul« in einem schlossähnlichen Anwesen im Dornbirner Oberdorf. Familienaktionäre lebten schon damals über den Erdball verstreut, von Zypern bis Argentinien, wo sie mit der Videla-Diktatur sympathisierten. Der Firmenstempel verhieß: »Nicht ohne Grund weltbekannt«.

In Vorarlberg wurde der Ruf eines »sozialen Musterunternehmens« gepflegt, so die Eigenwerbung. »Moderne Maschinen werden von ebenso modernen Leuten bedient. Gesichter und Bewegungen der Männer sind gelöst, unverkrampft, sogar heiter. So stehen, sitzen und schlendern nur Menschen, die unbeschwert und ohne Druck von oben ihre Tätigkeit verrichten. Ist hier nicht wirklich das Schlagwort von der ›Freude des Schaffens‹ erlaubt? Die erbarmungslose Härte von einst ist aus diesem Reich der Industrie gewichen. Standesunterschiede, Bezahlung und Lebensniveau der verschiedenen, einst so scharf getrennten Schichten verwischen sich«, hieß es in der Festschrift »125 Jahre F.M. Hämmerle«.

In der Öffentlichkeit blieb dies unwidersprochen. Der Vater eines Studienfreundes im Dornbirner Hatlerdorf weckte aber mein Misstrauen und die Neugierde. Er war schon seit 42 Jahren bei F.M. Hämmerle Hilfsarbeiter und erzählte aus seiner Firmenperspektive. Außer ihm kannte ich keinen Arbeiter persönlich, stamme ich doch aus einer kleinbürgerlichen Aufsteigerfamilie im Bregenzer »Dorf«. Allerdings hatte ich gerade den deutschen Aufdeckerjournalisten Günter Wallraff kennengelernt, der in Betrieben Missstände enthüllte. Er wurde mir zum Vorbild und ist nun seit Jahrzehnten ein Freund.

Zwecks »Arbeiterprofil« stellte mich ein Bregenzer Installateur kurzzeitig als »Gehilfe« an, meine Haare kämmte ich in die Stirn und übte, meine Schrift zu verstellen. Beim Vorstellungsgespräch im Personalbüro bei F.M. Hämmerle verwechselte ich meinen angeblichen Einrückungstermin beim Bundesheer mit dem Dienstbeginn als Zivildiener. Das fiel zum Glück nicht auf.

Die »Bestie« und die Leere

Nach einem kurzen Einlernen der erste Abend im Akkord 1978 in der Spulerei im Werk Steinebach. »Du Nachtschicht?«, fragt mich einer, der damals noch »Gastarbeiter« genannt wurde. Ich nicke. Da läuft er auf mich zu, gibt mir die Hand und klopft mir auf die Schulter: »Willkommen in Nachtschicht.« Trotz der Herzlichkeit, mit der er mich begrüßt, sind die Kollegen verwundert (»Warum du nix Büro arbeiten?«) und skeptisch (»Du nix lange hier arbeiten. Einheimische immer gleich andere Arbeit suchen«). »Diese Arbeit ist schmutzig und für Ausländer«, sagt ein Türke. »Wäre ich zu Hause, würde ich nicht an solchen Maschinen arbeiten.«

Die Nachtschicht beginnt und endet in der Dunkelheit. Dunkel ist es bereits, wenn ich von zu Hause in die Fabrik fahre, dunkel ist es auch noch, wenn ich kurz nach fünf von der Fabrik wieder nach Hause komme. Dazwischen liegen diese endlosen Stunden im Maschinensaal, wo Menschenhände nur gebraucht werden, weil sie – noch – billiger sind als vollautomatisierte Spulmaschinen.

Schnell werde ich zu einem widerwillig funktionierenden Bestandteil der Maschine. Nicht ich bewege *mich*, sondern mein Körper bewegt *sich*. Mechanisch schiebe ich die Behälter an der Maschine entlang, mechanisch gleiten die Garnkopse durch meine Hände in die Maschinenlöcher. Dann kommt der Laufkopf. Ich nenne ihn »Bestie«, weil er die eingelegten Kopse gnadenlos in sich hineinfrisst und 68 hungrige Mäuler hinterlässt, die ich immer wieder aufs Neue stopfen muss. Kopse rein, Spulen runter, so geht das Runde um Runde. Stunde um Stunde. Um durchzuhalten, muss ich mich ablenken. Das ist nicht einfach. Verlieren sich nämlich meine Gedanken, so bemerke ich nicht, wenn die Bestie Fadenenden nicht mehr anknotet, sondern mitzieht und deshalb oft ein Dutzend unfertiger Spulen aus der Maschine schlägt. Das bringt mich nicht nur um wichtige Akkordpunkte: Die Reinigung der Spulen kostet auch wertvolle Zeit, die dann beim Einlegen der Kopse wieder fehlt.

Da ich mich immer wieder konzentrieren muss, zerhackt die Maschine meine Gedanken, die deshalb oft stundenlang um dieselbe Sache kreisen, genauso wie der Laufkopf immer um dieselbe Maschine seine Runden dreht. Singe oder schreie ich – wie viele andere Kollegen auch – ein Lied vor mich hin, komme ich selten über die erste Strophe hinaus.

In jeder Schicht verarbeitet ein Spuler (bzw. eine Spulerin) 200 bis 250 Kilo Garn. In acht Stunden legt jeder Arbeiter mehr als 6.000 Kopse ein, in einer Woche mehr als 30.000, in einem Monat zwischen 130.000 und 150.000. Mengen, die man zwar spürt, aber nicht sieht, weil die Garnfahrer unaufhörlich neue Kopse herankarren und die Wagen hinter den Maschinen sofort wegziehen, sobald die Behälter mit fertigen Spulen gefüllt sind. Ich habe deshalb nie das Gefühl, irgendetwas herzustellen. Obwohl ich dauernd in Bewegung bin, ändert sich nichts. Nicht einmal die Farbe des Garns. Die Arbeit nimmt keine Wende, hat kein Ende und kennt kein Ziel. Jede Runde, jede Stunde dasselbe Spiel: Spulen runter, Kopse rein.

Trotzdem bin ich froh, wenn ich überhaupt an etwas denken kann. Gelingt mir das nicht, lähmt mich die Müdigkeit schon vor Mitternacht, und mein Körper verlangt nach einer – wenigstens kurzen – Ruhepause, die aber noch in weiter Ferne liegt, da die Maschinen erst um ein Uhr morgens eine Viertelstunde lang abgeschaltet werden. Nur 15 Minuten und das unbezahlt – das ist ungesetzlich, doch wer weiß das hier schon?

Nachtschichten bei dieser hohen Arbeitsbelastung – das halten nicht viele lange durch. Von den knappen zwei Dutzend Arbeitskollegen, mit denen ich sprechen konnte, arbeitet nur einer seit mehr als drei Jahren in der Spulerei – und bezahlt dafür einen hohen Preis. In fünf Jahren Nachtschicht hat etwa mein Maschinennachbar Sultan Beyham acht Kilo abgenommen. Jetzt wiegt der vierfache Familienvater noch 50 Kilo. Obwohl keiner meiner Arbeitskollegen älter als 28 Jahre ist, leiden viele bereits an chronischen Magenbeschwerden und Kopfweh. Die meisten haben Verdauungsprobleme – vor allem Durchfall (während der Arbeitszeit auf die Toilette zu gehen ist aber wegen des hohen Arbeitstempos kaum möglich). Manche nehmen wie selbstverständlich Aufputschmittel.

Verlierer und Verlierer

F.M. Hämmerle profitiert von der Entwicklung in der Türkei. Die türkischen Arbeitskräfte in Vorarlberg stammen vor allem aus ländlichen Gebieten, wo sich die Bauern noch bis vor 20 Jahren selbst versorgen konnten. Einkaufen mussten sie lediglich Güter wie Salz, Zucker, Stoff und Petroleum. Als die Mechanisierung der Landwirtschaft einsetzte, fehlte vielen das Geld für Traktoren oder landwirtschaftliche Maschinen. Als Ausweg bot sich bald die Arbeit im Ausland an. In die Bundesrepublik Deutschland durften viele Bauernkinder nicht, weil dort der Abschluss einer fünfjährigen Volksschule verlangt wurde, die meisten von ihnen aber weder lesen noch schreiben konnten. Vorarlberger Unternehmer hingegen nahmen auch Analphabeten. Analphabeten, die natürlich keine Ahnung von Kollektivverträgen hatten und ihren Lohn selbst aushandeln zu müssen glaubten.

Inzwischen hat das Landesarbeitsamt einen rigorosen Gastarbeiterstopp angeordnet. Doch die Strukturen haben sich längst verfestigt. Willkür und Zufall bestimmen die Akkordleistungen und drücken damit den sowieso schon kargen Lohn noch weiter. In der Spulerei punkten die Zähler regelmäßig falsch. Reparaturzeiten werden selten vollständig vergütet, unterschiedliche Garnarten und unterschiedliche Abnützungen der Maschinenteile an bestimmten Arbeitsstellen bevorzugen oder benachteiligen einzelne Spuler. Persönliche Beziehungen, Intrigen und »Förderer« bestimmen in unzähligen Fällen den beruflichen Aufstieg in der Firma Hämmerle und machen das lauthals verkündete Leistungsprinzip zu dem, was es wirklich ist: ein kontrollierender Maßstab für alle, die nicht von geschickten Verwandten und Freunden nach oben gehievt werden.

Verlierer sind jene Einheimischen, die in untertänigem Pflichtgehorsam nur noch für die Firma lebten und kurz vor der Pensionierung zu schlecht bezahlten Putz- und Aufräumarbeiten abkommandiert wurden, weshalb ihre Pensionen nur mehr knapp zum Leben reichen. Verlierer sind Kärntner und Steirer, die man vor den Türken und Jugoslawen als anspruchslose Arbeitskräfte ins Ländle holte und heute über ihre Firmenwohnungen unter Druck setzt: Schicken sie ihre Kinder nicht auch in die Fabrik, bezahlen sie für jeden ausgeschulten Sprössling 30 Prozent mehr Miete. Verlierer sind natürlich auch die »Gastarbeiter«. Weil sie unsere Sprache kaum verstehen, können sie sich nur selten wehren und werden gegeneinander ausgespielt.

»Sozialpolitik ist ein Blödsinn«

Frühere Sozialleistungen sind abgebaut oder eingestellt worden: Gratisjausen wurden genauso abgeschafft wie die Firmenausflüge, einstmals begehrte Firmenkredite werden heute zu schlechteren Konditionen vergeben als in den kommerziellen Bankinstituten.

Bei Bezug einer Werkswohnung muss pro Quadratmeter Wohnfläche eine Ablöse von 100 Schilling bezahlt werden. Krank zu sein ist bei F.M. Hämmerle prinzipiell verdächtig. Deshalb holt Personalchef Dr. Heinz Kremmel bei einer Reihe von behandelnden Ärzten – trotz deren Schweigepflicht – Auskünfte ein und zweifelt immer wieder Diagnosen an. Um die Krankenstände auf ein Minimum zu reduzieren, nützt Kremmel auch die Firmentreue vieler Arbeiter und Angestellten schamlos aus: Auf jährlich erscheinenden Mitarbeiterlisten wird gelb angestrichen, wer nach Meinung der Firmenleitung zu oft krank ist. Rücksichtslos werden auf diese Weise auch Beschäftigte gebrandmarkt, die seit Jahrzehnten für die Firma tätig sind und nunmehr an den Folgen eines Arbeitsunfalls oder der Arbeitsbedingungen leiden. Trotz ärztlich verordnetem Krankenstand kommen manche frühzeitig wieder in die Fabrik – und *dürfen* arbeiten. Sie geben sich selbst die Schuld am Kranksein und verzichten lieber auf eine vollständige Heilung.

Eingeschüchtert wird aber auch noch, wer nicht mehr arbeiten kann: Ein Arbeiter erhielt nach längerem Krankenstand vom Personalbüro einen Brief, in dem ihm mitgeteilt wurde, dass man »mit seinen Fehlzeiten und seiner Leistung nicht mehr zufrieden (ist) […] Sollten Sie unseren Erwartungen bezüglich Arbeitsverhalten in der nächsten Zeit nicht nachkommen, wären wir gezwungen, Sie zum Bauhilfsarbeiter Lohngruppe 8 zurückzusetzen.«

In diesem Fall ersparte der Kollege der Firma Hämmerle diese Maßnahme: Wenige Tage nach Erhalt des Schreibens starb er – an Krebs.

Als ich mich schriftlich für die gesetzlich verankerten Rechte und eine faire Behandlung der Mitarbeiterinnen und Mitarbeiter einsetze, werde ich sofort gekündigt und darf den Betrieb nicht mehr betreten.

»Sozialpolitik und soziale Unterstützung haben nur dort einen Sinn, wo man echt in eine Marktlücke hineinstößt«, sagt Personalchef Kremmel kurze Zeit später in einem vertraulichen Interview mit einem Parteifreund. Und weiter: »Sozialpolitik ist ein Blödsinn, sie auszubauen und zu betreiben.«

Krasser kann man die Rückkehr zu beinahe frühkapitalistischen Arbeitsbedingungen kaum ausdrücken. Zahlreiche altgediente Mitarbeiter berichten jedoch, dass in früheren Jahrzehnten das Schicksal und das Wohlbefinden einzelner Arbeiter bei der Firmenleitung tatsächlich zählte. Der gute Ruf war also begründet. War.

Irreführung und versteckte Finanzkraft

Nach meiner Akkordarbeit recherchierten Anton Schneider von der Arbeiterkammer und ich die Hintergründe, denn die Zustände bei F.M. Hämmerle waren kein Einzelfall. Allein in Dornbirn gab es zwei weitere Textilunternehmen (F.M. Rhomberg und Herrburger & Rhomberg), die dort fast so viele Arbeitnehmer beschäftigten wie die Firma Hämmerle. Dazu kamen noch die Bekleidungsfabrik Mäser (»Alle klammern sich an Mäser«), die Färberei-Weberei J.M. Fussenegger sowie eine Reihe von kleinen Betrieben in Dornbirn.

Ende der 1970er-Jahre arbeitete in Vorarlberg noch jeder fünfte Arbeitnehmer in der Textilindustrie. Und die Arbeitsbedingungen waren überall ähnlich: hohe Arbeitsbelastung bei niedrigem Lohn (der durchschnittliche Stundenlohn lag in der österreichischen Textilindustrie bei 42 Schilling brutto). Während die Zahl der Textilarbeiter österreichweit aber seit 1970 um ein Drittel zurückgegangen war und der Produktionswert der Textilwaren nur noch fünf Prozent der gesamten Industrie ausmachte, waren die Beschäftigtenzahlen in der Vorarlberger Textilbranche nur geringfügig gesunken. Fast die Hälfte der Industrieproduktion im Ländle bestand weiterhin aus Textilwaren. Die Textilunternehmen der Industrieländer stießen aber schon damals, lange vor dem Fall des Eisernen Vorhangs 1989, auf dem Weltmarkt zusehends auf harte Konkurrenten: Die sogenannten »Niedriglohnländer« profitierten von der weiteren Zergliederung der Arbeitsprozesse. Dies war mit geringen Einschulungskosten verbunden und ermöglichte die Beschäftigung von niedrigst qualifizierten Arbeitskräften.

War also der Abstieg der Vorarlberger Textilindustrie nicht mehr aufzuhalten? Mitnichten.

Die Eigentümer hätten Produktionsstätten in die Niedriglohnländer verlagern können, wie es zu dieser Zeit zahlreiche deutsche Unternehmer intensiv praktizierten, die Vorarlberger aber kaum. Auch ein Wechsel in Branchen, die durch hohes technisches Knowhow und hohe Qualifikation der Beschäftigten gekennzeichnet sind, hätte die Konkurrenzfähigkeit von Unternehmen sichern können. So wären nach entsprechender Weiterbildung auch höhere Löhne für die umgeschulten Textilarbeiter möglich gewesen. Textiles Kapital war in Vorarlberg aber sehr immobil, weil familiär gebunden: Das (Familien-)Management besaß oft nur Erfahrungen und Kenntnisse im Textilbereich. Und die Struktur der Wirtschaft war über das Ausbildungswesen versteinert.

Vor allem aber hätte die Wettbewerbsfähigkeit durch Rationalisierungsinvestitionen gesichert werden können. Das geschah im Ländle aber kaum, obwohl es finanziell gut möglich gewesen wäre: Der Selbstfinanzierungsspielraum (Cash-flow) der Vorarlberger Industrie lag damals nämlich weit über dem österreichischen Durchschnitt, die tatsächlich erfolgten Investitionen aber weit *darunter*. F.M. Hämmerle deinvestierte sogar.

Die Vorarlberger Textilindustriellen unternahmen aber kaum etwas, weil ihnen bereits der Gastarbeiterimport ungewöhnlich hohe Gewinne einbrachte: 30.000 Türken und Jugoslawen (das waren 17,8 Prozent aller unselbstständig Erwerbstätigen, doppelt so viele wie in jedem anderen Bundesland) lebten Ende der 1970er-Jahre in Vorarlberg. »Gastarbeiter statt Maschinen«, lautete also die profitable Devise. Mehr als 8.000 Vorarlberger pendelten deshalb schon vor 40 Jahren täglich in die Schweiz und nach Deutschland, weil sie nicht bereit waren, für so niedrige Löhne zu arbeiten. Nur im Burgenland zahlte die Industrie noch weniger, doch dort waren auch die Lebenshaltungskosten wesentlich niedriger. F. M. Hämmerle erlebte 1979 gar den größten Auftragsboom seiner Geschichte. Im Frühsommer dieses Jahres erschien dann die »Nachtschicht«.

Empörung und Interventionen

Die Bloßstellung des unsozialen Unternehmertums, die mit faksimilierten Briefen belegte Menschenverachtung, bewiesene systematische Gesetzesbrüche, billige »Gastarbeiter« statt hochwertiger Maschinen mit qualifiziertem heimischen Personal – und dazu noch satte Gewinnentnahmen für die wenigen Familienaktionäre: Dies empörte auch im ansonsten so bedächtigen Ländle.

Zu einer Buchveranstaltung im Oberdorfer Schloßbräusaal kamen mehr als 500 Interessierte, die meisten davon Arbeiter bei F.M. Hämmerle. »Ich möchte hundertprozentig sagen, dass 80 Prozent von dem, was der Martin über unsere Firma geschrieben hat, wahr ist«, rief ein Betriebsrat. Weiter kam er nicht. Die Zuhörer trampelten mit den Füßen, klatschten Beifall und riefen zustimmend »bravo«. Immer wieder meldeten sich gedemütigte Mitarbeiter zu Wort, nicht wenige den Tränen nahe. Jetzt waren einmal sie am Wort.

Noch heute erinnere ich mich mit einem ambivalenten Schaudern an diese Stimmung. Einerseits wirkte sie für mich als jungen Journalisten bestärkend, andererseits war sie heikel aufgeladen. Eine Aufforderung sofort das Werk am Steinebach oben zu stürmen, um die Maschinenräume zu besetzen oder gar zu zerstören, wäre wohl von vielen Veranstaltungsteilnehmern befolgt worden. Was aber hätte das außer unproduktive Schlagzeilen gebracht?

Leider gibt es meines Wissens nach aber auch keinerlei Bild- oder Tondokumente von diesem doch für die Vorarlbergs Arbeiterschaft geschichtsträchtigen Abend. Ein Hämmerle-Familienmitglied informierte mich zu diesem Zeitpunkt bereits regelmäßig, wie erschreckt die Firmenleitung war und wie sie im Hintergrund ihre Macht ausspielte.

Hämmerle-Vertreter intervenierten immer, sobald sie von – auch nur geplanten – Berichten hörten. Der erste Buchauszug sollte in der ÖGB-Zeitschrift »Solidarität« erscheinen, die damals noch in riesiger Auflage österreichweit verbreitet wurde. Ein Hämmerle-Vorstand erfuhr davon und kontaktierte den damaligen Gewerkschaftspräsidenten Anton Benya in Wien. Kurz vor der Veröffentlichung wurde der Bericht gestoppt.

Kaum war die »Nachtschicht« ausgeliefert, verfasste der Hämmerle-Vorstand zunächst eine allgemeine »Stellungnahme« in beleidigtem Stil: »Durch mehr als ein Jahrhundert ist Vorarlberg und dessen Textilindustrie ein Wertbegriff für Fleiß, wirtschaftliche und soziale Sicherheit und für das Verantwortungsbewusstsein seiner Unternehmer und deren Mitarbeiter. Dieser Zustand scheint in unserer Zeit offenbar einigen wenigen unerwünscht.« Auf Hochglanzpapier gedruckt, fand sich diese Erklärung in fast jedem Buch, das in Vorarlberg verkauft wurde. Nach Bitten und Druck (»Wir wissen sonst nicht, ob wir oder unsere Geschäftsfreunde weiter bei Ihnen Kunden sein können«) hatten die Buchhändler das

Hämmerle-Statement ins Buch eingelegt, ohne je mit dem Verlag oder dem Autor Rücksprache zu halten. In manchen Geschäften war die Betriebsreportage wochenlang »vergriffen«, obwohl auch die zweite Auflage ohne Verzögerungen ausgeliefert worden war. Ein Händler bestellte gar weniger Buchexemplare, als bei ihm Vorbestellungen eingegangen waren.

Über die denkwürdige Diskussionsveranstaltung in Dornbirn schwiegen fast alle Medien. Einfluss auf die »Vorarlberger Nachrichten« zu nehmen, war für die Hämmerle-Verantwortlichen kaum aufwändiger als auf die »Neue«, die damals noch nicht von der Russ-Familie einverleibt war und zu deren Gesellschafter bekannte Vorarlberger Industrielle zählten. Den »Kurier« gleichzuschalten fiel ebenfalls nicht schwer, da die Hämmerle-Eigentümer an dieser Zeitung selbst beteiligt waren. Um beim deutschen »Stern« vorzusprechen, mussten sie hingegen einen Hamburger Geschäftspartner bemühen, auch dies mit Erfolg. Längere ORF-Sendungen wurden abgeblockt, indem sich keiner der Vorstandsmitglieder bereit erklärte, vor einem Mikrofon auf die Vorwürfe einzugehen.

Nur einmal kam es zum Versuch, inhaltlich einiges zu widerlegen. In der »Kronenzeitung« dementierte der Vorstand zehn Details. Drei davon hatte ich nie behauptet, die übrigen sieben wichen den Vorwürfen aus oder entsprachen einfach nicht den Tatsachen. »Die Behauptung, die Zähler der Spulerei punkten regelmäßig falsch, ist unwahr«, lautete eine der sogenannten »Entgegnungen«. Sie zeugte von Chuzpe: Wenige Wochen zuvor waren alle (schadhaften) Zähler in der Spulerei ausgewechselt worden.

Kehrtwendung und Reformen

Zu groß waren aber inzwischen der Unmut der Belegschaft (es kam wiederholt zu spontanen Arbeitsverweigerungen) und der Druck des neu gewählten Betriebsrats, als dass sich die Hämmerle-Chefs mit Unwahrheiten und weiteren Beschwichtigungen (»In keinem Unternehmen kann alles perfekt sein«) über die Runden hätten retten können. Durch eine sich selbst verleugnende Pirouette schaffte der Vorstand den Wechsel zum Reformkurs: Er distanzierte sich von vielen Vorgängen im eigenen Betrieb (»Wir haben wirklich nichts davon gewusst«) und entschuldigte sich für die Zustände beim ÖGB.

Zug um Zug, bisweilen unverzüglich, bisweilen erst nach Verhandlungen mit dem gestärkten Betriebsrat, kam es zu konkreten Veränderungen: Die Arbeiterlöhne wurden rückwirkend um bis zu neun Prozent angehoben, doppelt so viel wie im Kollektivvertrag vorgesehen. Der Akkorddruck wurde um bis zu 30 Prozent gesenkt. In der Spulerei ergaben Zeitnehmungen, dass bislang in den Akkordsatz gar keine Erholzeit eingerechnet worden war. Nun betrug er mehr als 10 Prozent. Der dreißigprozentige Mietzuschlag für Familienmitglieder, die nicht bei F.M. Hämmerle arbeiteten und trotzdem in einer betriebseigenen Wohnung lebten, wurde ersatzlos gestrichen. Ein Männerwohnheim wurde umgehend renoviert. Die Firmenpension kam nun auch den Frühpensionisten zugute. Arbeiter wurden wegen ihrer Krankenstände von ihren Vorgesetzten nicht mehr peinlich genau befragt. Der freiwillige Lohnzuschuss (F.-M.-Hämmerle-Jubiläumsfonds) wurde auch bei einem längeren Krankenstand ausbezahlt. Nur der »Falter« und das Wiener »Extrablatt« berichteten über diese Verbesserungen.

Der so erfolgreiche Konkurs

In den Folgejahren gelang es nicht nur in Vorarlberg das Bild von der schuldlos dem Untergang geweihten Textilindustrie fortzuspinnen, obwohl in den 1970er-Jahren gerade bei F.M. Hämmerle eine höhere Investitionsfinanzierung leicht möglich gewesen wäre und der Eigenkapitalanteil in beständiger Folge sank. Auch verschiedene deutsche Unternehmen blieben und bleiben weiterhin im Textilbereich erfolgreich, etwa Trigema. Mit dem von den Hämmerle-Aktionären betriebenen beständigen Vermögensverfall musste hingegen »über kurz oder lang ein Geschäfts- und Produktionsrückgang verbunden sein, was letztendlich die Arbeitsplätze gefährdet«, schrieben wir 1979 im analytischen Teil der »Nachtschicht«.

Im Hintergrund zogen die Unternehmenseigner da schon die Fäden. 1983 wurde die früher so renommierte F.M. Hämmerle AG in eine Beteiligungsgesellschaft umgewandelt, die sich wiederum in die F.M. Hämmerle Holding AG und die F.M. Hämmerle Textilwerke AG aufteilte. 2008 beantragte die Textilwerke AG den Konkurs. Fast alle Arbeitsplätze waren verloren, nicht aber die Aktionäre. Über die Holding AG besaßen sie rund zwei Millionen Quadratmeter Grund in Vorarlberg und waren in Dornbirn weiterhin größter Grundbesitzer, zumeist in Bestlagen. Jetzt ist die »Hämmerle-Holding« Immobilienentwickler. Der aktuelle Slogan: »Schöner wohnen. Entspannter arbeiten.«

Was für eine (Erfolgs-)Geschichte.

Spulerei der Firma F.M. Hämmerle im Werk Steinebach in Dornbirn,
Dezember 1978

Totaler Zuhälterkrieg: Konkurrent erschossen

Zustände wie im Chicago der zwanziger Jahre re...

Zuhälterbanden lieferten sich in Bregenz wildes Schießduell

Tiroler Pistolenhelden auf „Rachefeldz...

...berg – Großfahndung erfolgreich

Gendarmerie ist machtlos Kein Mittel gegen Zuhälter

Fußach

Neuer Zuhälterkrieg im Ländle: Ein Toter zwei Schwerverletzte

Lara Hagen

Prostitution im Ländle damals und heute
Vom Zuhälterkrieg zur Sexarbeit im Verborgenen

Wenn man von in die Luft gejagten Wohnwagen samt zwei To-
desopfern – davon ein Kind – von vergrabenen Frauenleichen,
Schießereien auf offener Straße und regelmäßigen Schlägereien
und Messerstechereien hört, würden heutzutage wohl die we-
nigsten an Vorarlberg denken. Von Mitte der 70er bis Mitte der
90er-Jahre trug sich aber genau das im beschaulichen Ländle zu:
16 getötete Personen sollte der so genannte »Zuhälterkrieg« am
Ende fordern, elf davon waren Zuhälter, fünf Prostituierte. Die Polizei schien lange machtlos, sorgte Anfang der 90er-Jahre dann aber
mit schärferen Kontrollen und der Einsetzung einer Sonderkom-
mission dafür, dass die blutige Zeit ein Ende nahm.

Kugelhagel und ein Serienmörder

Ende der 70er-Jahre verübte ein Zuhälter unter Beteiligung von
sechs weiteren, bewaffneten Standesgenossen in Lustenau einen
Anschlag auf einen anderen Zuhälter: Er erschoss ihn aus dem fahrenden Auto und krachte im Anschluss gegen die Hauswand eines weiteren amtsbekannten Zuhälters. 1982 kam es, ebenfalls in
Lustenau, zu einem Schusswechsel im Gasthaus Helvetia – zwei
Zuhälter überlebten nicht, ein weiterer wurde schwer verletzt.
Und auch der bekannte Serienmörder Jack Unterweger zählt zu
den Protagonisten dieses brutalen Kapitels der Vorarlberger Zeit-
geschichte. Er erwürgte Ende 1989 eine Sexarbeiterin, ihre Leiche

fand man im Lustenauer Ried. Unterweger konnte damals auch dank wichtiger Fortschritte bei der DNA-Spurensicherung überführt werden. Auch in einem zweiten Mord an einer Sexarbeiterin wurde ein Freier als Täter überführt.

Wie es so weit kommen konnte

Der Grund für das rasante Entstehen des Ländle-Straßenstrichs lag in einer strafrechtlichen Liberalisierung Anfang der 70er-Jahre. Die Betonstraße L 202 galt als »Goldmeile« und war besonders begehrt. Grenznahe Gemeinden wie etwa Lustenau waren Hotspots, denn viele Freier kamen aus der benachbarten Schweiz oder aus Deutschland. Dass es in Vorarlberg zahlungskräftige Kunden gibt, sprach sich rasch in ganz Österreich herum und lockte so die vielen Zuhälter samt »ihrer« Frauen in den verheißungsvollen Westen.

Zu gewalttätigen Konfrontationen zwischen Zuhältern kam es unter anderem deshalb, weil Ablösesummen nicht oder nur teilweise bezahlt wurden, beschreibt der ehemalige Ermittler Johann Poiger. »Es kam immer wieder vor, dass sich Prostituierte von einem Zuhälter ab- und einem anderen zuwandten. Zum Teil aus persönlicher Sympathie – weil sie beim neuen Zuhälter mehr Wertschätzung erfuhren – oder um eine Kollegin auszustechen.« Nicht unüblich sei auch das regelrechte Abwerben von Sexarbeiterinnen gewesen. Der ursprüngliche Zuhälter habe das meist dann nicht so einfach zur Kenntnis nehmen wollen, sagt Poiger. Deswegen wurden so genannte Ablösesummen verlangt – konnte oder wollte der neue Zuhälter das nicht bezahlen, führte das zu den oft blutigen und teils tödlichen Auseinandersetzungen. Laut Poiger habe die Anwesenheit der Zuhälter aber auch für vermehrten Drogen- und Waffenhandel gesorgt.

Vergessene Frauen

Was ob der Faszination für die Brutalität der Geschehnisse oft fehlt, ist die Perspektive der betroffenen Frauen. Während heutzutage bei Tötungsdelikten an Frauen regelmäßig die Frage gestellt wird, ob es sich dabei um einen Femizid handeln könnte und strukturelle Gewalt an Frauen in den letzten Jahren auch politisch ein großes Thema ist, stellte sich diese Frage in den 70er oder 80er-Jahren nicht. Drei Morde an Sexarbeiterinnen bleiben bis zum heutigen Tag nicht aufgeklärt.

Gewalt erlebten die Sexarbeiterinnen damals aber nicht nur in den schlimmsten Fällen, die bis zur Tötung gingen. Sowohl Freier als auch Zuhälter schlugen die Prostituierten, auch zu Vergewaltigungen kam es. Angezeigt wurden solche Fälle freilich nur äußerst selten, wie eine Person erzählt, die ab Mitte der 80er-Jahre die Szene genau beobachtete und viele ehemalige Sexarbeiterinnen aus jener Zeit kennt. »Da war immer die Angst da, nicht ernst genommen zu werden. Diese Erfahrungen haben die Frauen mehrfach auch bei der Polizei gemacht. Und wenn es einmal zu einer Verhandlung kam, dann ruderten die meisten aus Angst vor viel schlimmerer Vergeltung wieder zurück«, sagt die Insiderin.

Eine Anlaufstelle hatten die betroffenen Frauen bereits ab den 70er-Jahren beim »Institut für Sozialdienste« (ifs). Zu verdanken war das vor allem Hedwig Gmeiner vom »Werk der Frohbotschaft Batschuns«. Wegbegleiterinnen beschreiben sie als mutig, unerschrocken, herzlich, mütterlich, höchst engagiert und kreativ. Über das ifs gründete Gmeiner wertvolle Wohngemeinschaften für die Betroffenen, lebte mit ihnen, betreute sie, holte sie zu jeder Nachtzeit überall mit ihrem Auto ab. Viele von den damals Betroffenen verehren Gmeiner für das, was sie damals getan hat, heute noch.

In welchem Abhängigkeitsverhältnis die rund 300 Frauen standen, die zu Spitzenzeiten am Straßenstrich in Vorarlberg tätig gewesen sein sollen, wird auch heute teils noch verkannt. So erschien 2016 ein Text über »Chicago in Vorarlberg« in dem davon die Rede ist, dass die Frauen überall »scharf auf die besten, weil gewinnträchtigsten Standplätze« gewesen seien. »Logisch, dass die Zuhälter das Interesse ihrer Damen teilten und sich für sie stark machten – im wahrsten Sinne des Wortes. Ebenso logisch, dass dies nicht konfliktfrei vonstattengehen konnte«, ist sich der Autor sicher. Die Insiderin widerspricht dieser Deutung. Etliche Frauen hätten nichts zu melden gehabt und das leider auch zu spüren bekommen.

Wie der »Ausstieg« manchmal gelang

Wer waren »die Frauen« überhaupt? Viele kamen, wie die Zuhälter, aus dem Osten Österreichs und hofften ebenfalls auf das große Geld. Das blieb aber, wenn es verdient wurde, meist bei den Männern, die es gern wieder beim Spielen in Gasthäusern und im Casino ausgaben. Die Frauen seien oft aus sozial schwierigen Familienverhältnissen, aus Heimen oder von Pflegeplätzen gekommen. »Die jüngste, die ich kennengelernt habe, war 15 Jahre alt, die älteste um die 65 Jahre«, sagt die Insiderin. Die meisten seien aber zwischen 20 und 30 Jahre alt gewesen.

Die Angst, das sei der ständige Begleiter vieler im Milieu tätigen Frauen gewesen, speziell nach Morden an ihren Kolleginnen. Ausstiegsszenarien hätten sich vor allem dann ergeben, wenn die psychischen Probleme oder Suchtprobleme zu groß wurden oder es gerichtliche Verurteilungen gab. Mit Sucht hätten irgendwann beinahe alle Frauen zu kämpfen gehabt. Suizidversuche seien nichts ungewöhnliches gewesen, so die Insiderin. »Das wollten die Zuhälter dann ja auch nicht. Da sollten funktionierende und nicht psychisch labile Frauen arbeiten.« Auch Gefängnisstrafen, die die Frauen teils absitzen mussten, dienten als mögliches Ausstiegsszenario, ungewollte Schwangerschaften ebenso.

Die angesprochenen Probleme seien für die Frauen aber auch mit dem Ausstieg freilich nicht verschwunden. Viele von ihnen kämpfen heute noch mit den Folgen. Hinzu kommt, dass die meisten nach dem Ausstieg ohne jegliche berufliche Ausbildung und ohne Geld dastanden, so die Insiderin, die heute noch mit manchen der damals tätigen Sexarbeiterinnen und ihren Angehörigen in Kontakt ist.

Apropos Angehörige: Auch das sei eine großteils vergessene Dimension. Viele Sexarbeiterinnen gaben damals den Nachwuchs aus ungewollten Schwangerschaften zur Adoption frei. »Jetzt, im Alter von 50 bis 60 Jahren, beschäftigt das einige der Frauen. Viele fragen sich, wie es diesen Kindern wohl geht und wo sie sind.« In manchen Fällen habe es eine Kontaktaufnahme gegeben. Das gilt teilweise auch für die Kinder. Der Sohn einer ermordeten Prostituierten – als sie starb war er erst wenige Monate alt – habe sich außerdem nach seiner Mutter und nach ehemaligen Freundinnen erkundigt. Er habe begreifen wollen, was seine Mutter für ein Mensch war.

Wie sich das Geschäft mit dem Sex geändert hat

Einen Straßenstrich in der Dimension, wie er damals vor allem im Rheintal existierte, gibt es heute nicht mehr. Der Grund dafür liegt allerdings nicht darin, dass es überhaupt keine Sexarbeit mehr gibt. Es liegt auch nicht daran, dass die Branche in geregeltere, sprich legale Bahnen geleitet wurde. Die Regelung der Prostitution ist in Österreich Ländersache, der Vollzug Gemeindeangelegenheit. Das Vorarlberger Sittenpolizeigesetz würde Bordelle zwar zulassen, die vollziehenden Gemeinden wehren sich aber. Versuche, welche zu eröffnen, scheiterten in den letzten Jahrzehnten mehrmals. So bleibt den Frauen nur die illegale Prostitution, die sich über die Jahre und mit der Erfindung des Internets natürlich maßgeblich verändert hat. Die meisten Sexarbeiterinnen, die in Vorarlberg tätig sind, bieten ihre Dienste nun online an und führen sie teilweise auch ausschließlich im Netz, aber auch in eigens angemieteten Wohnungen und Hotelzimmern aus. Auch Hausbesuche werden über Inserate angeboten.

(Gewalttätige) Männer im Hintergrund, Zuhälter, fehlen in der Regel. »Die Frauen arbeiten heute viel mehr für sich allein. Sie sind großteils auf keine Zuhälter mehr angewiesen. Das heißt weniger Druck und natürlich auch weniger Gewalt«, sagt eine Person, die die Szene und heute tätige Sexarbeiterinnen kennt. Das heiße allerdings nicht, dass die Frauen diese Art der Arbeit wählen würden, weil sie sie quasi als Berufung sähen. Viele würden hingegen vor allem aus finanzieller Not handeln, in der Hoffnung, kurzfristig genug Geld zu machen. Einige würden sich außerdem das niedrige Gehalt aus den »normalen« Berufen aufbessern.

Und es heiße natürlich auch nicht, dass es in Vorarlberg keine Fälle gebe, in denen Frauen zur Prostitution gezwungen werden und doch mächtigere Männer im Hintergrund stehen. In den meisten dieser Fälle werden die Frauen aus Osteuropa mit falschen Versprechungen nach Österreich geholt. Sie sind mitunter in Tabledance-Lokalen beschäftigt. Wenn man genug Geld auf den Tisch lege, könne man auch hier Damen mit auf ein Zimmer nehmen, erzählen Branchenkenner. Von der Polizei heißt es, man habe die Szene im Blick und kontrolliere regelmäßig.

Zwischen Legalisierung und Verbot

Wäre die Legalisierung nicht der bessere und notwendigere Weg? Der ehemalige Ermittler Poiger bezeichnet diese Sichtweise als blauäugig: »Wenn das nur so einfach wäre! Grundsätzlich und vorweggesagt: Die Prostitution kann nicht beseitigt werden. Die gibt es, egal ob legal oder illegal.« Auch andere (ehemalige) Polizeibeamte weisen darauf hin, dass man auch mit legalen Bordellen mit teils hoher Begleitkriminalität rechnen müsse.

In der Bevölkerung scheint ein grundsätzliches Verbot von Sexarbeit nicht mehrheitsfähig, zumindest legt das eine im Juni 2022 von der Krone in Auftrag gegebene Befragung nahe (Zielgruppe: Wahlberechtigte ÖsterreicherInnen rep. ab 16 Jahren. Stichprobengröße: n = 800). Demnach sprechen sich 82 Prozent gegen ein Verbot aus, unter Männern sind es 88 Prozent, unter Frauen 78 Prozent. Von den Befragten gaben 18 Prozent an, schon einmal Sex mit einer Sexarbeiterin gehabt zu haben – »Ja« sagten dabei aber ausschließlich Männer. Studienautorin Nadine Ejupi weist in der Analyse der Ergebnisse darauf hin, dass es sich bei Sexarbeit nach wie vor um ein Tabuthema handle. Von der gesellschaftlichen Anerkennung als Arbeit sei man weit entfernt. Sexarbeit sei immer noch »eine stigmatisierte und diskriminierte Arbeit. Gesundheitliche Risiken, wie auch Ausbeutung oder Gewalt, sind im Vergleich zu anderen Berufsgruppen höher und spezielle Schutzmaßnahmen gefordert.«

Gehen wie auf Wolken

Von MARTHA HAKAMI

Tägliche Selbstmordmeldungen, katastrophale Fehlleistungen im Straßenverkehr, Überfälle, Amoklauf, Kurzschlußhandlungen — die Ureinwohner des Konsumparadieses werden zusehends kopfloser und unberechenbarer. Depressionen, Aggressionen und seelisch bedingte Krankheiten nehmen epidemische Ausmaße an — die vermeintlichen „Gegengifte" wie Alkohol, Psychopharmaka und Drogen sind zugleich Ursache und treiben das Karussell nur noch schneller voran.

Man verstünde eben einfach nicht mehr richtig zu leben, wie ein Linzer Arzt es in einem Satz zusammenfaßte. Und er fügte hinzu: Wenn er neben seiner Ordination eine psychiatrische Praxis hätte, könnte er 80 Prozent seiner Patienten gleich dorthin weiterleiten.

Ein hoher Prozentsatz von scheinbar friedlichen Zeitgenossen schwebt lediglich ständig auf Wolken von Beruhigungsmitteln einher. Sie sind auf den ersten Eindruck durch nichts aus der Ruhe zu bringen. Aber unter ihnen sind auch jene, die am Steuer plötzlich „aus ungeklärter Ursache" von der Fahrbahn abgekommen und in ein entgegenkommendes Auto donnern oder eines Tages aus heiterem Himmel alles kurz und klein schießen. Mit Beruhigungsmitteln versucht man auch in unverantwortlicher Weise schon bei Kindern, die Verhaltensstörungen zu bekämpfen, die man ihnen vorher anerzogen hat. Und so wachsen viele kleine Süchtige heran, die sich später in schwierigen Situationen auch nicht anders zu helfen wissen werden, als mit dem Griff nach einem Medikament oder anderen Betäubungs- und Aufputschmitteln.

An die Betroffenen wird man auch mit der größten Aufklärungskampagne kaum herankommen. Es würde auch nicht viel bringen, weil man damit wieder nur Symptomen zu Leibe rücken, aber die Ursachen nicht beseitigen kann — die Wurzellosigkeit, das krankhafte Einzelgängertum. Lehrer und Ärzte, unvermeidliche Anlaufstellen im Leben jedes Menschen, hätten hier ihre große Aufgabe, auf die man sie besser vorbereiten sollte.

Vergessener Häftling schmachtete wie im finstersten Mittelalter

BREGENZ. Die Qualen des Spenglerlehrlings Andreas Mihavecz (18) aus Bregenz im stockfinsteren Gemeindearrest von Höchst (Bezirk Bregenz) hätten noch lange dauern können. Zum Glück kam Mittwoch früh zufällig der Gemeindepolizist Kurt Hämmerle (40) in den Keller des Gemeindeamtes und wurde vom penetranten Gestank, der aus dem Arrest drang, alarmiert. Als er die Tür öffnete und Licht machte, sah er den von der Gendarmerie vergessenen Häftling vor sich.

Der Lehrling konnte sich nicht an das Licht gewöhnen und machte den Eindruck eines Geisteskranken. Tatsächlich war er fast völlig verdurstet und verhungert. Die 18 Tage Dunkelhaft ohne Essen und Wasser hatten aus dem 180 cm großen Burschen, der 78 Kilo wog, ein Wrack gemacht. Sein Gewicht beträgt jetzt nur noch 54 Kilo.

Die Rettung brachte den Achtzehnjährigen im rasenden Tempo in die Intensivstation des Bregenzer Krankenhauses, wo sofort eine Flüssigkeitstherapie begonnen wurde. Das Fehlen von Wasseraufnahme über so lange Zeit hatte sich verheerend ausgewirkt. Die Nieren funktionierten kaum noch.

Primarius Dr. Harald Hügel, der Leiter der Intensivstation, ist überzeugt, den Patienten trotzdem retten zu können. Er betonte, daß es durchaus möglich sei, 18 Tage lang ohne Nahrung auszukommen. Dieser Fall sei in der medizinischen Literatur jedoch der erste, daß ein Mensch so lange ohne Flüssigkeit existieren konnte. Er führt dies darauf zurück, daß der Gemeindearrest kalt und feucht ist. Außerdem habe der Umstand, daß der Lehrling in keine Panik geraten war und darauf verzichtet hatte, ständig an der Tür zu klopfen, dazu beigetragen, einige Kräfte zu bewahren. Es kann aber noch nicht gesagt werden, ob bei Mihavecs bleibende Schädigungen physischer oder psychischer Natur zu befürchten sind.

Die erhebenden Beamten wollen bis ins kleinste Detail feststellen, wie es dazu kam, daß ein völlig unschuldiger Mensch im Gemeindearrest vergessen wurde und unter menschenunwürdigen Bedingungen schmachten mußte wie im tiefsten Mittelalter.

Die Leiden des Achtzehnjährigen hatten am Sonntag, 1. April, begonnen. Am Gendarmerieposten Höchst versah damals nur ein 24jähriger Beamter Journaldienst. Am Nachmittag ereignete sich ein Auffahrunfall, der zwar nicht besonders dramatisch war. Der Gendarm namens Weber mußte aber acht Zeugen vernehmen. Er bat daher telefonisch seine Kollegen vom Posten Hard um Hilfe, als ein zweiter Verkehrsunfall gemeldet wurde. Der Lehrling Arnold R. (18) war im leicht alkoholisierten Zustand mit seinem Auto in eine Baugrube gefahren. Die Beamten aus Hard brachten ihn und seinen Mitfahrer Mihavecs zum Postenkommando Höchst.

Inspektor Weber wollte den ersten Unfall aufnehmen und die Protokolle schreiben. Andererseits war er wegen der Verabredungsgefahr dagegen, Arnold R. und Mihavecs zusammenzulassen. Er bat daher seine Kollegen, den Lenker in den Gemeindearrest zu bringen.

Weder Licht noch Ventilator

Keiner der Beteiligten will nun wissen, wie es geschehen konnte, daß die Harder Gendarmen den an dem Unfall unschuldigen und nüchternen Mitfahrer und nicht den alkoholisierten Lenker abführten. Der Gemeindearrest befindet sich im Keller des Amtshauses, das gegenüber der Gendarmerie in Höchst liegt. Der zwölf Quadratmeter große Raum enthält nur eine Pritsche, eine Sitzgelegenheit und einen Abfallkübel. Die ortsfremden Beamten brachten Mihavecs in den Arrest und sperrten ab. Dabei vergaßen sie, den außerhalb der Zelle angebrachten Lichtschalter zu betätigen. Auch der Ventilator blieb ausgeschaltet, der den fensterlosen Kellerraum mit Frischluft versorgt.

Die Harder lieferten den Schlüssel ihrem Kollegen ab und kehrten zu ihrem Postenkommando zurück. Inspektor Weber hatte inzwischen den Lenker verhört, ohne an seinen Mitfahrer auch nur zu denken, obwohl ihm hätte auffallen müssen, daß er die Kollegen ersucht hatte, den anderen einzusperren. Er entließ Arnold R., der sich vermutlich wegen seines alkoholisierten Zustandes auch nicht um seinen Freund kümmerte.

Dieser rief inzwischen in seiner finsteren Zelle um Hilfe, aber niemand konnte ihn hören, weil sich wegen des Sonntags kein Mensch im Amtshaus aufhielt. Später verlor der Achtzehnjährige in der Dunkelheit den Zeitsinn. Jedenfalls kann sich kein Gemeindebediensteter erinnern, an den folgenden Tagen Rufe gehört zu haben. Es ist möglich, daß Mihavecs bei Tag schlief und nachts vergebens um Hilfe rief.

Dazu kommt, daß der Gemeindearrest die ganze Zeit über nicht benötigt wurde. Da auch kein Mensch in den Keller kam, in dem die gefundenen Fahrräder aufbewahrt werden, hatte Mihavecs keine Chance, rasch befreit zu werden.

Seine besorgte Mutter erschien am 2. April bei der Gendarmerie in Bregenz und meldete, daß sie ihren Sohn vermisse. Die Beamten nahmen die Anzeige aber auf die leichte Schulter, weil sie glaubten, das Verschwinden eines ledigen 18jährigen Burschen sei nichts Besonderes. Jedenfalls wurde nach dem jungen Mann nicht gesucht. Er mußte 18 Tage auf die Befreiung warten.

DAS IST der nur zwölf Quadratmeter große Gemeindearrest von Höchst in Voralberg, in dem der 18jährige Bregenzer 18 Tage im Finstern und ohne Speis und Trank verbringen mußte. Links im Bild der Gemeindepolizist Kurt Hämmerle (40), der den vergessenen Häftling befreite. ***Telefoto: OÖN/UPI***

Schon der zweite Fall im Ländle

Mihavecz' Eltern stammen aus Ungarn. Sie leben jedoch schon seit Jahrzehnten in Bregenz, wo der Bursch auch auf die Welt kam. Er ist österreichischer Staatsbürger und war immer kerngesund. Das gibt ihm auch die Chance zum Überleben.

In Bregenz traf Donnerstag der vom Innenministerium mit der Untersuchung beauftragte Ministerialrat Dr. Franz Beydi ein. Er betonte, der Vorfall werde streng überprüft werden. Die Gendarmen sind noch im Dienst, weil sie erst einvernommen werden müssen. Die Sicherheitsdirektion erklärte den OÖN auf Anfrage: „Wir sind schockiert, daß so etwas passieren konnte! Es handelt sich um eine bedauerliche Verkettung von Mißverständnissen!"

Allerdings ist dies in Vorarlberg nicht der erste Fall, daß ein Häftling vergessen wurde. Der Dornbirner Anwalt Doktor Günther Hagen berichtete, daß einer seiner Mandanten vor eineinhalb Jahren in Dornbirn nach einem Verkehrsunfall fast dasselbe Schicksal erlitten hätte. Als seine Rufe ungehört verhallten, habe der Mandant das Bett in Brand gesteckt, um sich bemerkbar zu machen, und wurde entdeckt. Er erlitt im Gesicht Verbrennungen.

Der Anwalt, Leiter der Aktion Strafvollzug in Vorarlberg, knüpfte an den Vorfall die Forderung, daß die Gendarmerie festgehaltene Personen nicht sofort einsperren solle. Auf solche Vorschläge sei das Vorarlberger Landesgendarmeriekommando aber nicht eingegangen.

Die drei Gendarmeriebeamten, die mit der Verhaftung von Andreas Mihavecz zu tun gehabt hatten, wurden Donnerstag nachmittag bis auf weiteres vom Dienst suspendiert. Die Dienstenthebung ging auf eine Weisung von Innenminister Lanc zurück.

In den ersten Tagen seiner unfreiwilligen und qualvollen Gefangenschaft, so erzählte die Mutter des 18jährigen, hatte er aus Verzweiflung begonnen, das Leder seiner Schuhe zu kauen, um daraus Feuchtigkeit zu gewinnen. Die Mutter, die gestern kurz Gelegenheit hatte, mit ihrem Sohn zu sprechen, wird einen Anwalt mit der Wahrung aller Rechte und Ansprüche ihres Sohnes betrauen.

Wie lebt man ohne Wasser?

LINZ. „Daß der junge Vorarlberger 18 Tage, ohne eine Flüssigkeit zu sich zu nehmen, überlebt hat, ist eine medizinische Rarität, ja ein kleines Wunder. Der menschliche Organismus kann zwar zirka drei bis vier Wochen ohne Nahrung verkraften, wenn man ihm jedoch keine Flüssigkeit zuführt, wird es schon nach wenigen Tagen bedrohlich", sagte gestern der Chef der internen Abteilung des Linzer Allgemeinen Krankenhauses, Professor Dr. Walter Herbinger, in einem Gespräch mit den OÖN zum Fall des vergessenen Häftlings. Der Flüssigkeitsverlust im Körper führe zu einer starken Zunahme des Natriums im Blut und zu schweren Zellstoffwechselstörungen. Besonders gefährdet seien die Zellen im Gehirn und in der Niere. Der Flüssigkeitsmangel verursache Krampfzustände und Bewußtlosigkeit. „Nur wenn dem Kranken rechtzeitig eine fünfprozentige Zuckerlösung über Infusionen verabreicht wird, ist es möglich, daß sich der Körper regeneriert. Wasser-, Elektrolyt- und Säurebasenhaushalt müssen allmählich wieder ausgeglichen werden", sagt Herbinger. Daß der 18jährige überlebt hat, führt der Arzt vor allem auf das jugendliche Alter des Patienten zurück. Auch die Tatsache, daß der Vorarlberger in einem feuchten und kühlen Raum eingesperrt war und daher nur wenig Flüssigkeit durch die Haut abgegeben wurde, dürfte wesentlich zu seiner Rettung beigetragen haben.

Mordprozeß neu aufgerollt

RIED/INNKREIS. Weil er sich vor einem Jahr in einem Park in Innsbruck in einen Streit zwischen zwei ihm unbekannten Männern eingemischt hatte, steht der Jugoslawe Shaban Shabani (36) jetzt schon zum zweiten Mal wegen Mordes vor Gericht: Er hatte bei diesem Raufhandel den Schlosser Julius Perstaller erstochen und den Hilfsarbeiter Walter Maier (24) mit zwei Messerstichen verletzt und war deswegen in Innsbruck schon zu 15 Jahren Freiheitsstrafe verurteilt worden. Der Oberste Gerichtshof hatte das Urteil jedoch aufgehoben und den Prozeß an das Kreisgericht Ried verwiesen, wo er gestern neu aufgerollt wurde. Shabani, Vater von fünf Kindern und ein frommer Moslem, war bei der Tat nicht betrunken gewesen. Nach seinen Angaben war er von den beiden geschlagen worden, weil ihnen seine Neugier lästig fiel. Die Verhandlung dauerte gestern bis zum späten Abend an, da der Hauptzeuge Maier nicht erschienen war und erst in Innsbruck ausgeforscht werden mußte.

15 Autos geplündert

LINZ. Einen Schaden von rund 20.000 Schilling verursachten Einbrecher, die in den vergangenen zwei Monaten in Linz 15 Personenwagen plünderten. Der Kriminalpolizei gelang es, den Elektriker Rudolf Schoissengeyer (19) und den ebenfalls 19jährigen Schmiedegesellen Rudolf Teichmann als Täter auszuforschen. Beide aus Tragwein gebürtigen Burschen gaben zu, die Einbrüche mit mehreren Komplizen verübt zu haben. — Pokale und Medaillen sowie ein Farbfernsehgerät und einen Kassettenrecorder erbeuteten Einbrecher in der Nacht zum Mittwoch aus dem Jugendzentrum des ÖGB in der Ferdinand-Markl-Straße in Linz. Es entstand ein Schaden von rund 31.500 Schilling.

Wer streitet sich schon gerne mit seinem Nachbarn?

Wohl niemand, aber manchmal geht's eben nicht anders. Wer gibt schon freiwillig Grund auf, von dem er glaubt, daß er sein Eigen sei. Oder? Oder Sie streiten nicht und holen sich einen Zivilgeometer.

Der vermißt Ihren Grund so, daß Sie ihn in den Grenzkataster eintragen lassen können.

Auf gute Nachbarschaft.
Ihr Zivilgeometer.

ZT

ANZEIGE

Zuviel Macht ist . . .

. . . wenn die Regierung aus versprochenen 6 Monaten Wehrdienst ganz ungeniert 8 Monate macht und auch noch die Zwangsverpflichtung einführt.

Die Österreicher wollen eine Regierung, die hält, was sie verspricht. 6. Mai, Volkspartei.

Bezahlte Anzeige.

Norbert Schwendinger

»Kotterskandal«
oder »Wie Höchst weltberühmt wurde«

Am 1. April 1979 ging ein einzigartiger Fall in die Polizei-Geschichte ein (damals noch Gendarmerie), die nicht nur in Vorarlberg, sondern weltweit Schlagzeilen machte.

Der damals 18-jährige Lehrling Andreas M. wurde ohne wirklichen Grund in den Verwahrungskotter des Gendarmeriepostens Höchst gesperrt und vergessen. Das Martyrium sollte 18 Tage dauern. Erst am Mittwoch, den 18. April 1979, wurde der junge Mann zufällig entdeckt. Bis auf das Skelett abgemagert, vollkommen geschwächt und dem Tod nahe.

Doch beginnen wir am Anfang

In den 70er-Jahren war es auf dem Gendarmerieposten Höchst üblich, dass am Wochenende und nachts nur ein Gendarmeriebeamter alleine Dienst verrichtete. Und das obwohl zu dieser Zeit das Dirnen- und Zuhälterproblem bereits sehr groß war. Die Notwendigkeit einer Doppelbesetzung wurde erst viele Jahre später erkannt und umgesetzt.

An besagtem Sonntag, dem 1. April 1979, war der 27-jährige Markus W. zum Journaldienst eingeteilt. Am späten Nachmittag ereignete sich im Überwachungsgebiet des Gendarmeriepostens Höchst ein schwerer Verkehrsunfall mit mehreren beteiligten Fahrzeugen. Der Beamte bearbeitete den Verkehrsunfall und befragte die beteiligten Lenker, die Verletzten und die Zeugen auf dem Gendarmerieposten. Markus W. hatte insgesamt acht

Personen zu vernehmen. Während dieser Befragungen ging eine weitere Meldung ein, dass es auch in Fußach zu einem Verkehrsunfall gekommen sei. Die beteiligten Personen – so die Anzeigerin bei ihrer telefonischen Meldung – hätten das Kennzeichen abmontiert und seien geflüchtet. Da der Höchster Beamte durch die laufende Amtshandlung nicht abkömmlich war, ersuchte er die Beamten Heinz Z. (34 Jahre alt) und Erwin S. (52 Jahre alt) von der Nachbardienststelle, dem Gendarmerieposten Hard, um Unterstützung.

Die beiden Beamten fuhren von Hard in Richtung Fußach. Dabei konnten sie zwei Männer in der Nähe der Unfallstelle wahrnehmen. Es war offensichtlich, dass die beiden mit dem Unfall in Zusammenhang standen und die Beamten nahmen die Männer mit zum Gendarmerieposten Höchst.

Da Markus W. immer noch mit den Vernehmungen beschäftigt war und beim neuen Unfall der Verdacht bestand, dass noch eine dritte Person beteiligt und flüchtig war, ersuchte er die unterstützende Streife, den Lenker bis zur Vernehmung in den Arrest beim Gemeindeamt Höchst zu bringen. Heinz Z. war mit dieser Vorgehensweise vertraut, da er früher selbst auf dem Gendarmerieposten in Höchst gearbeitet hatte.

Das war der Beginn mehrerer schicksalhafter Umstände, die Andreas M. fast das Leben kosteten. Die Harder Beamten nahmen es bei der Beurteilung der Situation – salopp gesagt – zu locker, denn sie gingen davon aus, dass Andreas M. das Fahrzeug gelenkt hatte. Am Steuer saß allerdings der zweite verhaftete Mann, der alkoholisierte 18-jährige Arnold R., der wiederum froh war, nicht eingesperrt zu werden und zu den Vorgängen schwieg. Inwieweit sich Andreas M. zu verteidigen versuchte, ist nicht bekannt.

Die Beamten, Heinz Z. und Erwin S., nahmen den Schlüsselbund mit den Schlüsseln des Gemeindeamtes und des Arrestes und brachten Andreas M. in den ca. 300 Meter vom Gendarmerieposten entfernten »Kotter« des Gemeindeamtes Höchst.

Andreas M. verhielt sich passiv, er leistete keinen Widerstand. Er begleitete die Beamten ohne etwas zu sagen, die Beamten sperrten den jungen Mann in den Arrest im Keller und gingen zurück zum Gendarmerieposten. Den Schlüsselbund hängten sie wieder zurück an den dafür vorgesehenen Platz.

Da Markus W. seinen ersten Unfall zwischenzeitlich fertig aufgenommen und die beteiligten Personen nach Hause geschickt hatte, konnte er nun mit der Aufnahme und Bearbeitung des zweiten Unfalles beginnen. Im Vorraum traf er den alkoholisierten 18-jährigen Arnold R., der zugab, das Fahrzeug gelenkt zu haben. Daraufhin bedankte er sich bei den Harder Kollegen für die Unterstützung und diese verließen die Dienststelle. Keiner der beiden Beamten erwähnte, dass sie eine Person in den Arrest gebracht hatten. Es wurde weder eine Notiz hinterlassen noch wurden Andreas M. persönliche Gegenstände abgenommen, die auf ihn aufmerksam gemacht hätten.Markus W. vernahm den geständigen 18-jährigen Lenker und schickte ihn danach nach Hause. Der Mann war froh, dass er gehen konnte und verließ die Dienststelle. Warum er kein Wort zum Verbleib seines Kollegen sagte, bleibt ein Geheimnis.

Markus W. nahm an, dass die beiden Harder Beamten Andreas M. befragt, überprüft und auf Grund der Tatsache, dass er das Fahrzeug nicht gelenkt hatte, nach Hause entlassen hatte. Eine Rücksprache beim Gendarmerieposten Hard erachtete er daher für nicht notwendig.

Er stellte auch nicht in Frage, warum der Lenker nicht, wie von ihm beauftragt, in den Arrest gebracht worden war.

Hintergrundinformation

Der Arrest des Gendarmeriepostens Höchst war ein adaptierter Kellerraum im gegenüberliegenden Gemeindeamt. Auch zu dieser Zeit gab es Vorschriften, wie ein Arrest auszusehen hatte und wie er ausgestattet sein musste, damit die Häftlinge menschenwürdig verwahrt werden konnten. Der kleine Raum entsprach in keinster Weise den Vorschriften. Er war ca. 12m² groß, mannshoch, hatte sehr dicke Wände und eine massive Eisentüre. Fenster war keines vorhanden bzw. war es irgendwann zugemauert worden. Dadurch gab es kein Tageslicht. Der Raum konnte nur durch eine Deckenlampe beleuchtet werden. Frische Luftzufuhr war zwar durch ein Rohr möglich, allerdings nur bei aktivierter Belüftung.

Weder Belüftung noch Heizung oder Beleuchtung schalteten die Beamten ein, sie ließen den Mann in der stockdunklen Zelle zurück. Zum Sitzen oder Liegen waren zwei Pritschen im Raum. Sanitäre Anlagen gab es im Keller nicht, es stand lediglich ein Plastikkübel mit Deckel für die Verrichtung der Notdurft zur Verfügung.

Abgängigkeitsanzeige

Andreas M.s Mutter machte sich Sorgen, da ihr Sohn nicht nach Hause gekommen war. Da er sich vier Tage nicht gemeldet hatte und das überhaupt nicht seiner Art entsprach, erkundigte sie sich zuerst bei seinen Kollegen und danach telefonisch beim Gendarmerieposten Höchst, ob der Beamte (es war zufällig Markus W.) etwas über den Verbleib von Andreas wisse. Die Mutter erwähnte auch, dass Andreas M. am letzten Sonntag als Beifahrer bei einem Unfall beteiligt gewesen sei. In der Annahme, dass Andreas M. von seinen Kollegen nach Hause geschickt und der Name auf der Dienststelle gar nicht notiert wurde, erklärte der Beamte der verzweifelten Mutter, dass er nicht wisse, wo ihr Sohn sei. Ein paar Tage später, am 9. April 1979, erstattete sie beim Gendarmerieposten Bregenz-Vorkloster eine Abgängigkeitsanzeige. Die Anzeige wurde zwar aufgenommen und bearbeitet, aber erst viel später stellte sich heraus, dass das entsprechende Formular verloren gegangen war.

Zurück zum Gemeindekotter

Wie erging es Andreas M. in dieser Zeit? Er verhielt sich ruhig, hatte aber Hunger und Durst. Seine Hilferufe hörte niemand. Im Kellergeschoß des Gemeindeamtes war selten eine Person, die Gemeindebediensteten hatten dort normalerweise nicht viel zu tun. Und Arrestkontrollen, wie sie heute Standard sind, gab es damals nicht. Ein unbenützter Arrest musste nicht kontrolliert werden. Und davon gingen die Beamten schließlich aus.

Andreas M. versuchte seinen Durst mit dem Kondenswasser der Wände etwas zu löschen. Dazu schleckte er die Wände ab. Die Notdurft verrichtete er in den Kübel im Raum. Mehr stand ihm nicht zur Verfügung. Eines Tages versuchte er in seiner Verzweiflung, seinen eigenen Urin zu trinken. Er ekelte sich, bekam einen Brechreiz und schleuderte den Kübel gegen die Eisentüre. Dadurch wurde der Inhalt verschüttet. Um seinen Hunger etwas zu lindern, nagte er auf einem Lederstreifen seiner Hose.

Tage vergingen, er hatte das Zeitgefühl schon lange verloren. In dem dunklen Loch war es unmöglich, sich zeitlich zu orientieren. Er legte sich meistens nieder, da ihm mit der Zeit die Kraft fehlte, an die massive Zellentüre zu klopfen bzw. zu schlagen. Seine Hilferufe wurden weniger. Auch wenn er schon am Rande der Verzweiflung war, gab er die Hoffnung nicht auf.

18. April 1979

An diesem Tag wollte Helmut H., ein Beamter der Sicherheitswache Höchst, etwas aus dem Keller holen. Sein Weg führte ihn am Arrest vorbei. Er wunderte sich, dass die Eisentüre zum Arrest versperrt war. Das war nur üblich, wenn die Gendarmen eine Person im Arrest verwahrt hatten. Zudem fiel ihm auf, dass aus dem versperrten Raum starker Urin- bzw. Fäkaliengeruch kam. Er konnte die Türe nicht öffnen, da der einzige Schlüssel auf dem Gendarmerieposten deponiert war. Aber er konnte die kleine Klappe (Durchreichefenster) in der Eisentüre öffnen und erschrak. Er sah einen Mann auf einer der Pritschen liegen. Der Mann rührte sich nicht.

Helmut H. rief sofort beim Gendarmerieposten an und teilte sehr aufgeregt mit, dass im Arrest ein Mann liegen würde. Man solle sofort zum Arrest kommen. Zwei Gendarmen rannten zum Gemeindeamt und gingen sofort in den Keller. Sie sperrten die Eisentüre auf und sahen ein Bild des Schreckens. Ein junger, total abgemagerter Mann lag auf der Pritsche. Er schaute nur kurz hoch, er sprach kein Wort. Dafür war er viel zu schwach.

Ein Beamter rannte sofort zu einem Telefonapparat im Gemeindeamt und verständigte die Rettung. Der zweite Gendarm und der Sicherheitswachebeamte leisteten Erste Hilfe. Andreas M. konnte mit Hilfe der Exekutivbeamten aufstehen. Er konnte nur flüstern und fragte kaum hörbar:

»Warum habt ihr mich vergessen?«

Die rasch eintreffende Rettung übernahm die medizinische Versorgung des Mannes. Im Krankenhaus Bregenz kümmerten sich mehrere Ärzte um den bis auf das Skelett abgemagerten Mann. Er hatte schwere Nierenfunktionsstörungen erlitten und musste an die künstliche Niere angeschlossen werden. Während der 18 Tage im »Verlies« hatte er 24 kg abgenommen.

Primararzt Dr. Harald H. sagte später gegenüber den Medien, dass es an ein Wunder grenze, dass der Mann die lange Haftzeit – ohne Essen und Trinken – überlebt hatte. 18 Tage ohne Essen könne man überleben, in der medizinischen Literatur gebe es aber keinen Fall, dass eine Person 18 Tage ohne Zunahme von Flüssigkeit existieren konnte. Möglicherweise habe die Tatsache, dass der Keller kalt und feucht war, dem Lehrling das Leben gerettet. Dem Mann gehe es den Umständen entsprechend relativ gut. Bereits im Krankenbett gab er Interviews und schilderte, wie es ihm während dieser Zeit ergangen war: Er habe sich »lebendig begraben« gefühlt.

Andreas M. konnte am 19. Mai 1979 ohne bleibende gesundheitliche Schäden aus dem Krankenhaus entlassen werden.

Maßnahmen / Konsequenzen

Bereits einen Tag nach der Befreiung wurden die drei beteiligten Gendarmeriebeamten vom Dienst suspendiert und am 20. April 1979 eine erste Strafanzeige bei der Staatsanwaltschaft Feldkirch erstattet, die gerichtlichen Vorerhebungen wurden am 25. April 1979 eingeleitet, ein paar Tage später eine Disziplinaranzeige gegen die Beamten erstattet. Der Rechtsanwalt des Opfers brachte eine Klage gegen die Republik Österreich ein und verlangte Schadenersatz.

Seitens des Bundesministeriums für Inneres wurde an alle Landesgendarmeriekommandos ein Erlass mit vorläufigen Maßnahmen zur künftigen Verhinderung ähnlicher Zwischenfälle bei der Verwahrung von Personen in Arresträumen übermittelt. Bei einem Lokalaugenschein konnten die Mitglieder der Volksanwaltschaft feststellen, dass die Zelle in keiner Weise den bestehenden Vorschriften entsprach. Seit dem Jahr 1967 müssen Arrestzellen ein Fenster, eine Klingelleitung zum Inspektionsraum (Journaldienstraum) sowie möglichst mit einem WC und einer Waschmöglichkeit ausgestattet sein. Obwohl der Arrest von Vorgesetzten mehrfach kontrolliert worden ist, wurden die Missstände nicht behoben. Nach Bekanntwerden des Sachverhaltes wurde der »Kotter« mit sofortiger Wirkung geschlossen.

Die Volksanwaltschaft hielt im dritten Bericht an den Nationalrat vom April 1980, Zahl 43-Z3/79 u. a. fest: »Da die Volksanwaltschaft den diesem Fall zugrunde liegenden Umständen prinzipielle Bedeutung zumisst, wurde eine umgehende Information des Gesetzgebers für notwendig erachtet. Wenn nämlich, wie in einem Bericht des Landesgendarmeriekommandos Vorarlberg festgestellt wird, der Arrest »seit Menschengedenken« benützt werde und über die

Verwendung (Sicherheitsvorschriften usw.) keine schriftlichen Unterlagen bestünden und selbst bei Inspektionen der menschenunwürdige Zustand der Zelle nicht auffiel, muss angenommen werden, dass die Ursachen in systembedingten Mängeln liegen. Es wäre nämlich nach Auffassung der Volksanwaltschaft verfehlt, den Fall einzig unter dem Gesichtswinkel des menschlichen Versagens zu beurteilen. Vielmehr müsste unverzüglich darangegangen werden, die Ursachen, die ein derart katastrophales Ergebnis menschlichen Versagens ermöglichen, zu ergründen und zu beseitigen.«

Gerücht

Damals gab es ein Gerücht, dass ein Bauhofmitarbeiter Andreas M. zwei Mal etwas zum Essen durch die Luke in der Türe gegeben habe. Andreas M. und der Arbeiter bestritten es vehement. Ob es so war oder nicht, ließ sich nicht feststellen. Das Gerücht blieb also bestehen.

Touristenattraktion

Im Sommer 1979 waren deutlich mehr Touristen im Rheindelta unterwegs. Unzählige Schaulustige positionierten sich vor dem Gemeindeamt Höchst und ließen sich fotografieren. Dabei kam es sogar zu Verkehrsbehinderungen und teils kritischen Situationen auf der vielbefahrenen Bundesstraße B 202.

Gerichtsurteil

Die drei Gendarmeriebeamten beschuldigten sich bei der Gerichtsverhandlung gegenseitig. Sie wurden im November 1979 vom Landesgericht Feldkirch wegen fahrlässiger Entziehung der persönlichen Freiheit und fahrlässiger Körperverletzung unter besonders gefährlichen Verhältnissen zu einer Geldstrafe von jeweils 27.000 Schilling (ca. 2.000 Euro) verurteilt.

Die Disziplinarverfahren gegen die drei Beamten wurde aufgrund des Gerichtsurteils eingestellt, sie wurden allerdings auf andere Dienststellen versetzt.

Wie erging es Andreas M.?

Andreas M. konsumierte nach seiner Entlassung aus dem Krankenhaus Bregenz seinen Erholungsurlaub und konnte danach seiner Arbeit wieder nachgehen. Er erlitt laut Aussage seiner Ärzte keine bleibenden Schäden.

Gemeinsam mit seinem Anwalt vermarktete er seine schrecklichen Erlebnisse medial. Anfänglich gab er noch – gegen Bezahlung – Interviews und schilderte seinen Leidensweg. Bei einer Reportage des ORF im Jahre 1999 war er zu keinem Interview mehr bereit.

Sein Anwalt klagte in einem Zivilgerichtsverfahren die Republik Österreich. Nach über zwei Jahren wurde Andreas M. in zweiter Instanz eine Summe von 250.000 Schilling (umgerechnet ca. 18.200 Euro) zugesprochen.

Kurz nach seiner Entdeckung kam es zu spontanen Spendenaktionen. Das »Kuratorium sicheres Österreich« übergab Andreas M. 50.000 Schilling. Die »Vorarlberger Nachrichten« richteten ein Spendenkonto für ihn ein.

Der Fall Andreas M. kam in das Guinness-Buch der Rekorde, seine Geschichte ist auf Wikipedia nachzulesen. Heute lebt Andreas M. im Vorarlberger Rheintal.

Literatur

Gingrich, Oliver: *Der Fall Rabelbauer. Der Mann mit dem Koffer*; Proseminar aus politischer Regimelehre; Universität Wien; Institut f. Politikwissenschaft WS 2001/2

Hillek, Willy/Muhr, Franz: in: *Vorarlberger Nachrichten*; Vorarlberger Landesbibliothek; 29. 8. 1980

https://de.wikipedia.org/wiki/Bela_Rabelbauer; 19. 9. 2022

https://kurier.at/meinung/kolumnen/wirtschaft-von-innen/plastiksackerl-statt-geldkoffer/753.643; 12. 9. 2022

https://www.krone.at/2069854; 19. 9. 2022

https://www.mediathek.at/katalogsuche/suche/detail/?uid=0903504D-0A9-000EB-0000018C-09029462; 12. 9. 2022

Ortner, Franz: in: *Vorarlberger Nachrichten*; Vorarlberger Landesbibliothek; 17. 10. 1980

Vorarlberger Nachrichten; Vorarlberger Landesbibliothek; 1. 10. 1981

Klaus Feldkircher

Der »Mann mit dem Koffer«
Ein Parteispenden-Skandal

Wenn vom »Mann mit dem Koffer« die Rede ist, so denkt man vielleicht an die gleichnamige Fernsehserie aus den Jahren 1967 und 1968. Oder doch eher an einen Fußacher namens Bela Rabelbauer. Warum? Der Name Rabelbauer ist untrennbar mit einer aufsehenerregenden Parteispendenaffäre verbunden, die im August 1980 vom Journalisten Peter Pelinka in der Arbeiter-Zeitung aufgedeckt wurde.

Im Zuge dieser Affäre wurde ein Koffer mit dem Inhalt von vier Millionen Schilling – als erster Teilbetrag von insgesamt zehn Millionen – hochrangigen Vertretern der ÖVP in den Räumen des österreichischen Parlaments übergeben. Das Geld sollte angeblich dazu dienen, für ein Bürgerforum zwei Nationalratsmandate zu »kaufen«. So viel zum Sachverhalt.

Big Spender aus Ungarn

Aber wer war dieser sagenhafte Bela Rabelbauer, der die österreichische Innenpolitik so sehr in Bedrängnis brachte? Bela Adalbert Rabelbauer wurde am 19. Mai 1934 in Ungarisch-Altenburg geboren, sein Vater stammte aus der Steiermark. Aufgewachsen in Wien, Osttirol und Hallstadt besuchte er 1948 kurz das Priesterseminar in Hollabrunn. Rabelbauer versuchte sich in der Folge in den unterschiedlichsten Berufen, u.a. als Mitarbeiter von Radio Vatikan. Ab 1968 verlegte er seinen Wohnsitz nach Fußach in Vorarlberg, wo er mehrere Unternehmen gründete und auch als Kreditvermittler tätig war.

1988 wurde Rabelbauer wegen schweren Betrugs und anderer Finanzdelikte zu siebeneinhalb Jahren Haft verurteilt. Nachdem er einen Teil seiner Strafe verbüßt hatte, setzte er sich ins Ausland ab, wurde 1994 in Thailand neuerlich verhaftet und zwei Jahre später nach Österreich ausgeliefert.

10 Millionen für den Verein

Der 29. August 1980 ist untrennbar mit dem Namen Rabelbauer verbunden. An diesem Tag wurde vom Journalisten Peter Pelinka in der Arbeiter-Zeitung eine Spendenaffäre aufgedeckt, die ihre Kreise bis in die oberste Etage der österreichischen Politik ziehen sollte: Bela Rabelbauer hatte sich beinahe ein Nationalratsmandat um die Summe von 10 Millionen Schilling erkauft.

Laut Pelinkas Recherchen wurde dem Bundesparteiobmann der ÖVP, Alois Mock, am 17. September 1979 um 23 Uhr in den Clubräumlichkeiten des Parlaments ein schwarzer Koffer mit vier Millionen Schilling überreicht. Anwesend waren neben Mock und Rabelbauer weitere Vertreter eines der ÖVP nahestehenden Vereins namens »Bürgerforum« sowie ÖVP-Geschäftsführer Kurt Bergmann und der Abgeordnete Heribert Steinbauer.

Der Verein »Bürgerforum«

Das »Bürgerforum« wurde Ende August 1979 von Leopold Willmann gegründet. Dabei handelte es sich um einen der ÖVP nahestehenden Verein, der sich für mehr Bürgerrechte, Umweltschutz und Lebensqualität einsetzen sollte. Einer der Proponenten war Rechtsanwalt Karl Zessin, der seinerseits Bela Rabelbauer anwaltlich vertrat. Der Verein in der Seilerstraße 16 in Wien wurde durch Versicherungskaufmann Werner Kreutel vertreten.

Über die Gründung schreiben die »Vorarlberger Nachrichten«: Über Vermittlung eines Stickerei Fabrikanten ist es zu einem Gespräch Rabelbauers mit dem damaligen ÖVP-Chef Josef Taus gekommen. Die Idee eines Sekretariats für Bürgerrechte habe Taus gefallen, es seien jedoch keine Mittel dafür zur Verfügung gestanden. ÖVP Bundesgeschäftsführer Bergmann habe für den Verein in der Folge eine Summe von mindestens 10 Millionen Schilling veranschlagt, die dann ein Unbekannter zur Verfügung gestellt habe (vgl. Hillek, Willy; Muhr, Franz: in: *Vorarlberger Nachrichten*; Vorarlberger Landesbibliothek; 29.8.1980, S. 3).

Laut Oliver Gingrich hatte der Verein beträchtliche Ausgaben zu verantworten: So wurde u.a. eine Postwurfsendung mit einer Auflage von 2,4 Millionen Stück an alle österreichischen Haushalte verschickt. Der Aufwand: 900.000 Schilling, die bar bezahlt wurden. Außerdem wurde vom Verein ein Mietbetrag von 1.356.000 Schillingen für die Dauer von vier Jahren beglichen.

Für all diese Transaktionen zeichnete Bela Rabelbauer verantwortlich, der – so Gingrich – gegenüber Werner Kreutel seine Hoffnung auf eine Machtposition in der Politik geäußert haben soll. (Gingrich, Oliver: *Der Fall Rabelbauer. Der Mann mit dem Koffer*; Proseminar aus politischer Regimelehre; Universität Wien; Institut f. Politikwissenschaft WS 2001/2; S. 2)

Der Restbetrag von sechs Millionen Schilling sollte zu einem späteren Zeitpunkt nachgereicht werden. Die Gegenleistung:
> »Dass das Geld [...] als Eintrittskarte für ein Mandat zum Österreichischen Nationalrat als »Schmierseife« konzipiert war, gibt sogar der Ex-ÖVP Chef Dr. Taus zu. Dass die ÖVP bei Erhalt von 10 Millionen Schilling über ein Mandat für Rabelbauer nachzudenken beginnen würde, hätte er selbst 1979 proklamiert.« (Gingrich. *Der Fall Rabelbauer*. S. 7)

Rabelbauer soll gesagt haben: »Wenn sie das Geld wollen, dann gehen Sie mit mir zur Bundes-ÖVP und machen sie das (Anm.: Rabelbauers Vermittlerrolle) denen klar.« (Gingrich. *Der Fall Rabelbauer.* S. 5)

1981 wird in den »Vorarlberger Nachrichten« so formuliert:

> »Der Dr. Taus sei dann einverstanden gewesen, man habe ein Beschwerdebüro für den Bürger einrichten wollen und entsprechend Werbung gemacht. Weil aber die Parteikasse diese zusätzliche Belastung nicht verkraftet hätte, kam Bela Rabelbauer mit dem Koffer. [...] Selbst ins Parlament wollte Rabelbauer nicht, aber der Dr. Taus habe versprochen, sich für die Idee zu engagieren, vielleicht mit noch einem Mitstreiter.« (*Vorarlberger Nachrichten*; Vorarlberger Landesbibliothek; 1.10.1981, S. 5)

Mock sperrte am Abend des 17. September 1979 – so Oliver Gingrich – also die Türen zum Club eigenhändig auf (Gingrich. *Der Fall Rabelbauer.* S. 5). In der Folge forderte Geschäftsführer Bergmann im Gespräch die ausständigen sechs Millionen Schilling, vereinbart wurde die Ausschüttung einer zweiten Tranche. Kreutel habe auf eine Quittung bestanden, die aber verweigert wurde.

Nach damaliger Rechtslage hätten Parteispenden aller Art ab einem Betrag von 100.000 Schilling in einer Spendenliste ausgewiesen werden müssen, was jedoch nicht geschehen ist. Das Geld stammte, so Rabelbauer, von »drei Herren, über deren Identität er sich bedeckt hält.« Später behauptete er, durch Plantagenverkäufe in Costa Rica Geld liquide gemacht zu haben. (Gingrich. *Der Fall Rabelbauer.* S. 8)

Der große Unbekannte

In diesem Zusammenhang äußert sich Rabelbauer im Interview mit den »Vorarlberger Nachrichten« so: Er habe das Geld von einem unbekannten Wohltäter erhalten, schildert diesen Unbekannten als »überaus wohlhabend, er verfüge über ein Vermögen von hunderten Millionen, vor allem an Grundvermögen, und habe immer wieder für verschiedene Aktionen und karikative Zwecke hohe Beträge ausgegeben. Etwas später wird diese Darstellung in derselben Ausgabe revidiert. Die Autoren erwähnen einen Artikel in der APA, in dem Rabelbauer von drei Spendern spricht, deren Namen er erst preisgebe, wenn er die Ermächtigung dafür habe. (Vgl. Hillek / Muhr; S. 3)

Details zu diesen Vorgängen sickerten an besagtem 29. August 1980 an die Öffentlichkeit. Im Morgenjournal des Radiosenders Österreich 1 bestätigte ÖVP-Obmann Mock die Geldflüsse. Obwohl Rabelbauer in einer späteren Club 2-Sendung im österreichischen Fernsehen seine Unschuld beteuerte, wurde er am 5. September im ORF-Zentrum am Küniglberg von der Wirtschaftspolizei verhaftet. Am 11. September – Rabelbauer befand sich in U-Haft – wurden diverse Gegenstände aus seinem Anwesen in Fußach beschlagnahmt.

Im Zuge der Berichterstattung in der Arbeiterzeitung kommen auch Details zu Rabelbauers Person an die Öffentlichkeit: So laufe ein Verfahren wegen Steuerhinterziehung gegen ihn, ihm wird die Bestechung von Finanzbeamten vorgeworfen, daneben wird in der Arbeiter-Zeitung über sein Firmengeflecht und sein Privatvermögen berichtet.

Außerdem wird ein Spiegel-Artikel vom März 1976 zitiert, in dem über Rabelbauers Geschäfte ausführlich berichtet worden sei. Die »Vorarlberger Nachrichten« titeln:

»Großer Unbekannter« gab der ÖVP 10 Millionen S

Wien/Bregenz (VN) Mit einer überdimensionierten Aufmachung hat in ihrer gestrigen Ausgabe die Wiener »Arbeiterzeitung« (AZ), das offizielle Organ der SPÖ, einen »Finanzskandal« enthüllt, konkret einen angeblichen Fall von dubioser Parteifinanzierung für die ÖVP. Der Wiener Rechtsanwalt Dr. Herbert Sehachter erstattete mittlerweile Anzeige wegen Devisenvergehen und Steuerhinterziehung gegen den in Fußach wohnhaften Kaufmann (nach eigener Aussage) Bela Rabelbauer, dem die Firma »Anilag GesmbH« in Dornbirn sowie in Liechtenstein mit Produktionsbetrieb für Düngemittel in Lustenau gehört. Rabelbauer hat gegenüber »VN«-Redakteuren gestern bestätigt, im September 1979 binnen 14 Tagen der ÖVP-Spitze in Wien eine Spende von insgesamt 10 Millionen Schilling übergeben zu haben. (Vgl. Hillek/Muhr; S. 1)

Am 28. Dezember 1988 wird Rabelbauer in erster Instanz zu siebeneinhalb Jahren Haft verurteilt. Das Urteil wird 1991 in zweiter Instanz auf sieben Jahre herabgesetzt. (https://www.krone.at/2069854; 19.9.2022)

»Mi subers Ländle«

Bemerkenswert ist in diesem Zusammenhang die Bewertung, die Franz Ortner in den »Vorarlberger Nachrichten« vornimmt:

> »[…] Daß man aber immer vom »Vorarlberger« Rabelbauer spricht, gefällt uns nicht, und wir hoffen, daß die Prozesse klarstellen, daß Herr Rabelbauer nur aus nahe liegenden Gründen an der Vorarlberger Grenze zur Schweiz wohnend aufscheint.« (Ortner, Franz: in: *Vorarlberger Nachrichten*; Vorarlberger Landesbibliothek; 17.10.1980, S. 1)

Er führt weiters zahlreiche Gründe an, warum Bela Rabelbauer eigentlich nichts mit Vorarlberg zu tun habe und dem Ländle untergeschoben worden sei. Damit schließt sich der Kreis zum übergeordneten Thema »Mi subers Ländle«. Denn was nicht sein kann – Nestbeschmutzung – , darf nicht sein. Oder so ähnlich. »Mi subers Ländle« eben.

Diebische Elster in der Buchhaltung!

Seff Dünser

»Untreue lohnt sich nicht«
Veruntreuungen und andere finanzielle Malversationen

Ein verschwundener Mitarbeiter der Bregenzer Festspiele soll eine Million Euro veruntreut haben. Geahndete oder behauptete finanzielle Malversationen gab es auch bei der Gemeindeinformatik, bei der BH Dornbirn, in der Sportservice GmbH und bei SW Bregenz.

Untreue lohnt sich nicht. So hieß eine Produktion der Bregenzer Festspiele mit Melodien von Joseph Haydn, die 1970 im Palast in Hohenems gezeigt wurde. An das Motto der Aufführung scheint ein Mitarbeiter der Festspiele nicht geglaubt zu haben. Der ehemalige Leiter der Personalverrechnung wird verdächtigt, mit manipulierten Unterschriften von Vorgesetzten und Überweisungen auf eigene Konten eine Million Euro veruntreut zu haben und 2002 ins Ausland geflüchtet zu sein. Ihm werden die Verbrechen der Untreue und der Veruntreuung zur Last gelegt. Für den Beschuldigten, der nicht verurteilt wurde, gilt die Unschuldsvermutung. Der mittlerweile 65-Jährige ist verschollen. Deshalb konnte bislang am Landesgericht Feldkirch kein Schöffenprozess stattfinden. Denn: Wenn Anklage wegen eines Verbrechens und nicht nur wegen eines Vergehens erhoben wurde, darf in Österreich nicht in Abwesenheit des Angeklagten verhandelt werden. Seit 2002 wird nach dem spurlos verschwundenen Vorarlberger mit internationalem Haftbefehl erfolglos gefahndet. Ermittler gehen davon aus, dass er sich irgendwo im Ausland eine neue Identität zugelegt hat.

Seine Mutter starb 2020. Für das Erbschaftsverfahren beantragten seine Geschwister vergeblich, ihn gerichtlich für tot erklären zu lassen. Ihr Antrag wurde in allen drei Instanzen abgewiesen. Zuletzt wies der Oberste Gerichtshof (OGH) im Jänner 2022 ihre außerordentliche Revision zurück. Auch das Höchstgericht in Wien vertrat die Ansicht, dass der Gesuchte mit hoher Wahrscheinlichkeit noch lebe. Es lägen keine ernstlichen Zweifel am Fortleben des 1957 Geborenen vor, meinte der OGH. Voraussetzung für eine Todeserklärung sei die hohe Wahrscheinlichkeit des Ablebens des Vermissten. Es gebe aber keinen Hinweis für seinen Tod. Gegen den Vorarlberger, so die OGH-Richter, werde ein Strafverfahren wegen Untreue und Veruntreuung geführt. Er sehe sich mit hohen Schadenersatzforderungen konfrontiert. Vor seinem spurlosen Verschwinden am 1. April 2002 habe er seine Liegenschaft und seine beiden Kraftfahrzeuge verkauft. Er habe mit seiner Kündigung sein Dienstverhältnis beendet und seinen Wohnsitz abgemeldet.

Die Geschwister gaben vor Gericht an, auch sie hätten in all den Jahren seit seinem Verschwinden nie mehr Kontakt zu ihrem Bruder gehabt. Vor seinem Abtauchen habe er gesagt, es sei ihm zu kalt und zu eng in Vorarlberg, er gehe irgendwo hin, wo es wärmer sei. Der Rechtsanwalt der Geschwister argumentierte mit theoretischen Vermutungen erfolglos so: Es sei davon auszugehen, dass der Verschwundene aufgrund seines hohen Vermögens und des Verkehrens in kriminellen und/oder homosexuellen Kreisen in Asien und Amerika inzwischen einem Tötungsdelikt zum Opfer gefallen sei. Zumal der Aufbau einer neuen Existenz, etwa mit der Fälschung von Ausweispapieren, die Unterstützung durch kriminelle Kreise voraussetze.

Für die Bregenzer Festspiele, die mit publikumswirksamen ausgedachten Dramen zu den Werbeträgern Vorarlbergs zählen, ist der Kriminalfall in den eigenen Reihen zumindest insofern weiterhin ein kleines Drama, als dass er im Bewusstsein der Vorarlberger Bevölkerung verankert ist und in Chroniken darauf verwiesen wird. So schrieb die österreichische Nachrichtenagentur APA 2016 in ihrem Rückblick zum 70-jährigen Bestandsjubiläum des international renommierten Kulturfestivals: »Einen Tiefpunkt erlebten die Bregenzer Festspiele in den 1990er-Jahren, als ein Mitarbeiter seine Vertrauensposition ausnutzte und seine Arbeitgeberin um rund eine Million Euro betrog. Der damals 45-jährige Mann machte sich mit dem Geld aus dem Staub und blieb bis heute verschwunden.«

Gemeindeinformatik

Noch weit mehr Geld veruntreut hat eine Mitarbeiterin der Gemeindeinformatik GmbH. Zwischen 1997 und 2019 hat die damalige Buchhalterin nach den gerichtlichen Feststellungen vom Konto ihrer Arbeitgeberin insgesamt 2,93 Millionen Euro auf ihr eigenes Konto umgeleitet und verbraucht. Dafür wurde die unbescholtene und geständige 64-Jährige 2019 rechtskräftig zu sechs Jahren Gefängnis verurteilt. Das Innsbrucker Oberlandesgericht bestätigte im Dezember 2019 in der Strafberufungsverhandlung die am Landesgericht Feldkirch im August 2019 verhängte Strafe. Die Staatsanwaltschaft Feldkirch hatte beim Oberlandesgericht eine strengere Bestrafung beantragt, die Angeklagte eine mildere. Der Strafrahmen belief sich auf ein bis zehn Jahre Haft. Der Feldkircher Schuldspruch erfolgte wegen gewerbsmäßig schweren Betrugs und Untreue und wurde nicht bekämpft. Der Verteidiger forderte im Schöffenprozess am Landesgericht eine bloß zweijährige Freiheitsstrafe, von der nur ein Jahr abgesessen werden müsse. Dazu merkte die vorsitzende Richterin des Schöffensenats an, es könne zur allgemeinen Abschreckung nicht sein, dass sich jemand mit beinahe drei Millionen Euro zu Unrecht bereichere und dafür nur ein Jahr Haft verbüße.

Der Anwalt sprach vor Gericht von einer verlockenden Gelegenheit für seine Mandantin. Davon könne keine Rede sein, sagte die Vorsitzende des Schöffensenats, obwohl Kontrollmechanismen bei der Gemeindeinformatik GmbH versagt hätten. Das Unternehmen versorgt Vorarlbergs Gemeinden mit Informationstechnologie-Dienstleistungen und wird von den Kommunen finanziert. Sie habe die abgezweigten 2,9 Millionen Euro ausgegeben, gab die ledige Angeklagte zu Protokoll, etwa zur Abdeckung der Schulden ihrer Eltern und zur Befriedigung ihrer Kaufsucht. Die entlassene Angestellte wurde vom Strafgericht zur Rückzahlung von 2,93 Millionen Euro verpflichtet.

Im Kontrollausschuss des Landtags kritisierten die Grünen 2021 den Gemeindeverband und sprachen von einem »Multiorganversagen im Bereich der Kontrolle«. Die Grünen nahmen dabei Bezug auf den Bundesrechnungshof, der 2020 in seinem Bericht Versäumnisse aufgelistet habe, die die Betrügereien zumindest erleichtert hätten. Als Reaktion auf die jahrelange kriminelle Bereicherung durch die Buchhalterin wurde die Gemeindeinformatik in den Gemeindeverband eingegliedert. Der Gemeindeverband erwartet sich dadurch eine effektivere Verwaltung und eine bessere Kontrolle.

Bezirkshauptmannschaft Dornbirn

Mangelhaft kontrolliert wurde in Dornbirn auch ein Mitarbeiter der Bezirkshauptmannschaft. Der damalige Leiter der Amtskasse zweigte nach den gerichtlichen Feststellungen zwischen 2012 und 2016 zumindest 121.500 Euro aus der Amtskasse ab. Dennoch musste der Angeklagte weder eine Haftstrafe verbüßen noch eine Geldstrafe bezahlen. Denn der unbescholtene und geständige 51-Jährige kam 2017 in einem Schöffenprozess am Landesgericht Feldkirch rechtskräftig wegen Veruntreuung mit einer bedingten, nicht zu verbüßenden Haftstrafe von 18 Monaten davon. Dass dem Angeklagten die Freiheitsstrafe mit einer Probezeit von drei Jahren auf Bewährung nachgesehen wurde, hing auch mit der Strafrechtsreform von 2016 zusammen. Seitdem beträgt der Strafrahmen für die Veruntreuung von bis zu 300.000 Euro nicht mehr ein bis zehn Jahre Gefängnis, sondern nur noch null bis drei Jahre. Weil der Angeklagte die Veruntreuungen als Beamter unter der Ausnützung einer Amtsstellung begangen hatte, galt für ihn eine erhöhte Strafdrohung von null bis viereinhalb Jahren Gefängnis. Vor 2016 wäre noch eine Haftstrafe zwischen ein und 15 Jahren zu verhängen gewesen.

Für den Angeklagten sei gerade noch eine gänzlich bedingte Haftstrafe möglich gewesen, sagte die vorsitzende Richterin des Schöffensenats. Der 51-Jährige sei unbescholten und reumütig geständig und habe vorbildlich an der Tataufklärung und Schadensberechnung mitgewirkt. Mildernd sei auch berücksichtigt worden, dass die Spielsucht des Angeklagten mitauslösend für die vielen Taten in dem langen Tatzeitraum gewesen sei. Der 51-jährige Notstandshilfebezieher, der als BH-Mitarbeiter nach seinem Auffliegen selbst gekündigt hatte und sich inzwischen österreichweit von Casinos sperren ließ, wurde dazu verpflichtet, dem Land Vorarlberg die veruntreuten 121.500 Euro zurückzuzahlen. Zudem musste er Bewährungshilfe in Anspruch nehmen und die freiwillige begonnene Spielsuchttherapie fortsetzen.

Sportservice GmbH

Eigene Reaktionen auf die Existenz einer angeblichen Schwarzgeldkasse in der landeseigenen Sportservice GmbH am Olympiastützpunkt für Leistungssportler in Dornbirn sorgten 2012 sogar für den Rücktritt eines Mitglieds der Landesregierung. Landesrat Siegi Stemer gab 2012 sein Amt auf und verließ die Politik. Damit zog der ÖVP-Berufspolitiker Konsequenzen daraus, dass er öffentlich die Unwahrheit gesagt hatte. Der 61-Jährige hatte wahrheitswidrig behauptet, erst durch die Anzeige gegen den Leiter des Dornbirner Olympiazentrums über die mutmaßliche Schwarzgeldkasse informiert worden zu sein. Dabei hatte der Sportlandesrat schon früher davon erfahren. Bewiesen wurde das durch ein Gespräch des Landesrats mit dem Sportservice-Geschäftsführer, das der Sportservice-Geschäftsführer heimlich aufgezeichnet hat. Mit seinen falschen Angaben habe er »einen Riesenfehler gemacht«, sagte Stemer, auch wenn er in der Sache selbst ein reines Gewissen habe. Denn er habe nicht gewusst, dass beim Sportservice angeblich Schwarzgeldeinnahmen und -ausgaben getätigt worden seien. Der Montafoner war von 1997 bis 2012 Landesrat, von 1990 bis 1997 ÖVP-Klubobmann im Landtag und von 1981 bis 1997 Bürgermeister von St. Anton im Montafon.

In der Sportservice GmbH soll es zu Schwarzgeldzahlungen an externe Mitarbeiter und nicht ordnungsgemäß verbuchten Einnahmen gekommen sein, etwa bei Lauftests für Sportler. Hauptverantwortlich dafür gemacht wurde der Leiter des Olympiastützpunktes in der Dornbirner Landessportschule, der daraufhin 2012 kündigte. Gegen ihn wurde auch strafrechtlich ermittelt. Die Staatsanwaltschaft Feldkirch stellte 2014 das wegen des Verdachts der Untreue geführte Strafverfahren mangels begründeten Tatverdachts ein. »Wir haben aus dieser Kasse nur geringfügige Beträge an Helfer ausbezahlt, nicht mehr und nicht weniger«, sagte der nicht angeklagte Beschuldigte. Landeshauptmann Markus Wallner merkte zur Einstellung des Strafverfahrens 2015 bei der Beantwortung einer Landtagsanfrage der Neos an, dass die Bewertung der Vorfälle »weit über eine rein strafrechtliche Beurteilung hinausgeht«. Was der Landeshauptmann damit wohl zum Ausdruck bringen wollte: Schwarzgeld im Landesdienst, das geht gar nicht.

Schwarz-Weiß Bregenz

Mit Schwarzgeld wurden nach den gerichtlichen Feststellungen beim Fußballklub Schwarz-Weiß Bregenz phasenweise Spieler bezahlt. Wegen Abgabenhinterziehung wurden 2004 am Landesgericht Feldkirch der damalige Präsident, ein Ex-Präsident und ein Ex-Klubmanager zu teilbedingten Geldstrafen verurteilt. Strafrechtlich belangt wurden 2005 am Landesgericht Feldkirch rund um die angebliche Verwicklung von Profifußballern von Schwarz-Weiß Bregenz in einen Wettskandal zwei Zeitungsjournalisten. Die Redakteure hatten in einer Tageszeitung geschrieben, drei SW-Spieler aus Ex-Jugoslawien hätten offenbar für 60.000 Euro von Wettbetrügern Spiele von SW Bregenz in Österreichs höchster Liga manipuliert. Die Angeklagten wurden wegen übler Nachrede zu Geldstrafen verurteilt. Nach Ansicht des Richters konnten die Journalisten den Wahrheitsbeweis für ihre Verdächtigungen nicht erbringen. Im Falle eines SW-Tormanns gebe es zwar einen Verdacht, so der Richter, der Wahrheitsbeweis wäre aber nur bei einem Schuldspruch gegen den Fußballer erbracht. Die journalistische Sorgfaltspflicht sei verletzt worden. Die Zeitung wurde dazu verpflichtet, den drei ehemaligen SW-Spielern jeweils 20.000 Euro als Entschädigung für die üble Nachrede zu bezahlen. Das Oberlandesgericht Innsbruck verringerte 2006 die Entschädigungszahlungen rechtskräftig auf je 12.000 Euro.

Als Zeuge sagte am Landesgericht ein ehemaliger deutscher Fußballschiedsrichter aus. Er gab an, er habe in Deutschland mit einem der Drahtzieher der Wettmanipulationen über SW Bregenz gesprochen. Namen von in Manipulationen verwickelten SW-Spielern konnte der Zeuge aber nicht angeben. Er wisse auch nicht, ob bei Spielen von SW Bregenz betrügerisch gewettet worden sei. In einem Zeitungsinterview soll der Ex-Referee zuvor gesagt haben, SW Bregenz habe im Zusammenhang mit Wettmanipulationen einen großen Stellenwert gehabt. Der Ex-Schiedsrichter gab 2005 zu, für Geld und Geschenke von ihm geleitete Fußballspiele in Deutschland zum Vorteil von ihn bestechenden Wettkunden beeinflusst zu haben. Der 1979 geborene Angeklagte wurde 2006 in Deutschland rechtskräftig wegen Beihilfe zum Betrug zu zwei Jahren und fünf Monaten Gefängnis verurteilt. Nach der Hälfte der verbüßten Haftstrafe wurde er 2008 vorzeitig aus dem Gefängnis entlassen. Über einen in Berlin lebenden Kroaten wurde als Drahtzieher der Wettbetrügereien 2006 in Deutschland eine Freiheitsstrafe von zwei Jahren und elf Monaten in zweiter Instanz bestätigt. Weitere fünf Haftjahre erhielt der 1976 geborene Angeklagte für seine Beteiligung am Wettskandal von 2009 nach seiner Haftentlassung. Der deutsche Bundesgerichtshof hob 2012 beide Strafen auf. Daraufhin wurde in einem neuen Prozess 2014 in Bochum eine fünfjährige Haftstrafe festgelegt.

Die Staatsanwaltschaft Feldkirch stellte 2006 das Ermittlungsverfahren gegen den beschuldigten Ex-Tormann von SW Bregenz mangels Beweisen für seine Schuld ein. Der beschuldige Bosnier hatte nach Angaben der Strafverfolgungsbehörde Kontakt mit einem der beiden ebenfalls verurteilten Brüder des kroatischen Drahtziehers von verschobenen Matches. Im verdächtigen Ausmaß gewettet wurde in Deutschland etwa auf das Spiel der Bregenzer, die 2003 in Pasching mit 0:4 verloren. Aber »es waren keine Tormannfehler erkennbar«, sagte der Feldkircher Chef-Staatsanwalt.

LR Siegi Sterner mitten im Halloween!

Aus dem Dornbirner Grundbuch-Archiv!

Jörg Stadler

Die Testamentsaffäre
Eine dunkle und schauderhafte Justizgeschichte

Es beginnt mit einem leeren Blatt Papier.

Schon kurz nachdem der 17-jährige Jürgen H. am 1. Dezember 1980 seinen Dienst als einfache Kanzleikraft am Bezirksgericht Dornbirn antritt, muss er dieses auf Geheiß eines Vorgesetzten unterschreiben – mit dem Namen eines anderen.

Es bleibt nicht bei dem einen Mal und nicht immer ist es ein leeres Blatt Papier, auf das der Berufsfrischling eine Unterschrift hinsetzen muss. Auch ein Testament wird ihm diktiert. »Spann ein und vertipp dich ja nicht«, lautet die Anweisung. Schließlich muss der junge Mann an der Schreibmaschine das Dokument mit dem Namen der vermeintlichen Verfasserin unterzeichnen.

Am Anfang kann sich Jürgen H. keinen Reim drauf machen, welchen Zweck diese Vorgänge haben. Doch nach und nach wird ihm bewusst, dass seine Vorgesetzen außerhalb der Legalität operieren. Die Dinge beim Namen zu nennen, traut er sich nicht. So wird er Teil des Systems.

Für die teils rechtswidrigen Praktiken seiner Vorgänger gibt es zahlreiche Belege. Sowohl die Staatsanwaltschaft als auch das Strafgericht stellten fest, dass Jürgen H. diese Schilderungen über seine »Lehrjahre« nicht erfunden hat.

Dass am Bezirksgericht Dornbirn die Uhren anders ticken und eine eingeschworene Truppe auf Verfahrensvorschriften pfeift, ist damals ein offenes Geheimnis. Für ein paar Hundert Schilling bekommt man rasch einen Vertrag, der bei einem Notar oder Rechtsanwalt wesentlich mehr kosten würde. Die Gerichtsmitarbeiter verschaffen sich mit der Winkelschreiberei ein sattes Zubrot zum bescheidenen Beamtensalär.

Das Treiben wird lange geduldet. Offenbar zu lange. Denn der Mangel an Kontrolle und Transparenz führt letztlich zu einer Selbstbedienungsmentalität, die ihresgleichen sucht. Bei einigen Gerichtsmitarbeitern verkümmert das Unrechtsbewusstsein zusehends. So auch bei Jürgen H., der späteren Zentralfigur der Testamentsaffäre. »Ich bin doch nicht blöd. Das, was die können, kann ich doch selbst auch«, sagt er sich irgendwann. Der Gedanke, selbst einmal ein Ding zu drehen, reift schließlich Ende der 1990er-Jahre, als er vom Bezirksgericht Feldkirch wieder nach Dornbirn wechselt und – mittlerweile als Rechtspfleger – in der Grundbuchabteilung arbeitet.

Dass der schüchterne und schmalbrüstige »Lehrling« von damals mit ein paar eingeweihten Kollegen die Praktiken der Altgedienten auf die Spitze treiben wird, ahnt damals wohl noch niemand.

Als die kriminellen Machenschaften zehn Jahre später auffliegen, wird die Justiz bis ins Mark getroffen. Ausgerechnet dort, wo Recht gesprochen werden sollte, haben Rechtsmitarbeiter auf besonders verwerfliche und perfide Art und Weise Recht gebrochen. Die zutage getretenen Machenschaften um gefälschte Testamente, Verträge und Urkundenverzeichnisse offenbaren Abgründe, die weit über jegliche Vorstellungskraft hinausgehen und bis in die höchsten Kreise der Vorarlberger Justiz reichen.

Und wie jeder Skandal erzählt auch dieser etwas über das Umfeld, in dem er sich zugetragen hat. Es geht um Grund und Boden – den Inbegriff alemannischen Wohlstands, große Verwandtschaften, gierige Erben und bescheiden lebende, millionenschwere Erblasser. Ja, selbst die Betrüger horteten ihr erbeutetes Vermögen. Die Causa zeigt aber auch auf, dass die Justiz – zwar sehr spät, aber doch – zur Selbstreinigung fähig war.

Fälscher, Helfer und Scheinerben

»Am Anfang geschah mein Tun aus einer Art Verrücktheit«, erzählt Jürgen H. den Ermittlern nach seiner Verhaftung im November 2009. Er habe einfach schauen wollen, was alles möglich sei. Bei seinen ersten »Probeläufen« leitet er Nachlässe, die mangels eines Testaments und gesetzlicher Erben eigentlich dem Staat zugefallen wären, noch gänzlich auf karitative Einrichtungen um. Doch es bleibt nicht bei den illegalen »Wohltätigkeiten«. Er will selbst mitschneiden.

In dem jungen, 2008 verstorbenen, Rechtsanwalt Gernot S. findet der Gerichtsbeamte offenbar einen idealen Komplizen. »Er war spitz darauf, Geld zu machen« und »sprühte vor Ideen«, wird Jürgen H. den Ermittlern später schildern. Gernot S. ist damals am Bezirksgericht Dornbirn kein Unbekannter. Er absolvierte dort sein Rechtspraktikum, außerdem ist er das Patenkind des pensionierten Rechtspflegers Walter M., der als graue Eminenz des Fälschungsskandals gilt.

Der Schlachtplan, den Jürgen H. und Gernot S. schmieden, ist ebenso raffiniert wie heimtückisch und dürfte auf den eingangs geschilderten Praktiken der vorigen Beamtengeneration basieren. Im Fokus stehen reiche, alleinstehende Menschen ohne direkte Nachkommen. Das Vermögen wird mittels gefälschter Testamente zunächst bei dementen Scheinerben geparkt, deren baldiger Tod absehbar ist und die keine Auskunft darüber geben können, warum gerade sie begünstigt werden. Erst wenn diese Personen sterben, wandert das Vermögen – wieder durch ein gefälschtes Testament – an eine Person aus dem Fälschernetzwerk. Manchmal geben die Fälscher ein kleines Stück vom Kuchen an die Kirche oder karitative Institutionen ab. Nicht aus Barmherzigkeit, sondern aus Kalkül. Die Testamente sollen damit glaubwürdiger erscheinen.

Um ihren Plan erfolgreich in die Tat umsetzen zu können, sind Jürgen H. und Gernot S. allerdings auf weitere Komplizen angewiesen. Denn das Schwierigste ist nicht die Fälschung der Testamente, sondern diese möglichst unauffällig ins Verfahren zu schleusen. Behilflich sind dabei der Kanzleileiter Kurt T. und der Rechtspfleger Clemens M. Beide arbeiten in der Außerstreitabteilung, wo Verlassenschaftsverfahren abgewickelt werden. Jürgen H. verleitet sie zunächst durch geschicktes Vorgehen zur Mithilfe, später sind sie – in stiller Übereinkunft – aktiv in Manipulationen involviert.

Zudem braucht es eingeweihte Scheinerben, über die der ergaunerte Nachlass abgeschöpft werden kann. Dazu zählt in erster Linie Peter H., ein alter Schulkollege und Jugendfreund von Jürgen H. Der gebürtige Vorarlberger zieht Mitte der 2000er-Jahre nach Salzburg. Er kümmert sich zudem um den Verkauf der Liegenschaften und legt das Vermögen an. Aber auch die Geschwister von Jürgen H. lassen sich vor den Karren spannen, nicht nur als falsche Erben. Sein jüngerer Bruder arbeitet als Pflegehelfer in einem Altersheim und kundschaftet dort schwer kranke Pensionisten aus, die sich als »Zwischenstation« anbieten.

Der Fall Stefanie H. und der Anfang vom Ende

Um sich das Vermögen und Liegenschaften von Verstorbenen unter den Nagel reißen zu können, müssen die Gerichtsmitarbeiter ihre Fälschungen also von langer Hand planen. So auch im Fall Stefanie H., einer der größten und komplexesten Fakten der Testamentsaffäre. »Stefanie H.«, heißt es in der Anklageschrift aus dem Jahr 2011, »vereinigte sämtliche Voraussetzungen, die das Beuteschema der Beschuldigten umfasste: Sie war ledig, kinderlos, ohne Geschwister, alt, dement und vor allem sehr begütert.« Der Wert ihres Vermögens aus Liegenschaften und Barguthaben beläuft sich auf 3,5 Millionen Euro. Wie Jürgen H. in einer Vernehmung am 23. Dezember 2009 schildert, waren zahlreiche Personen auf das Vermögen der Lustenauerin »scharf«. Dabei nennt er auch die Namen von zwei längst verstorbenen Spitzenvertretern der Vorarlberger Justiz.

Rechtsanwalt Gernot S. soll Stefanie H. schlichtweg als »Megaprojekt« bezeichnet haben. Als ihre letzte Schwester verstirbt, heißt es, »jetzt geht der Countdown los«.

Noch zu Lebzeiten der betagten Dame werden zahlreiche Vorarbeiten geleistet, um ihr zu gegebener Zeit die Millionen abjagen zu können. Über mehrere Jahre hinweg fälschen Jürgen H. und Gernot S. immer wieder Dokumente und lassen diese gerichtlich hinterlegen und registrieren. Doch die minutiös geplanten Vorhaben werden aus verschiedensten Gründen wieder verworfen.

Als Stefanie H. im Alter von 99 Jahren im Seniorenheim stirbt, entschließen sich Jürgen H. und der damals bereits an Krebs erkrankte Gernot S. schließlich zu einer Hauruck-Aktion. Mangels eines geeigneten Komplizen für die Rolle des Erben soll das Vermögen der Frau – so wie üblich – vorübergehend bei einer dementen Person geparkt werden. Das gefälschte Testament werfen sie in einer Nacht-und-Nebel-Aktion in den Briefkasten eines Lustenauer Notars. Doch der rechtmäßige Erbe durchkreuzt den Plan. Anton H., der sich viele Jahre lang um die Verstorbene gekümmert hat, schöpft Verdacht und setzt alle Hebel in Bewegung. Er erstattet Strafanzeige gegen Unbekannt und bestürmt die zuständige Richterin. Die damals 28-jährige Isabelle Juch (heute Amann) – sie wurde erst ein Jahr zuvor zur Richterin ernannt – glaubt dem verzweifelten Mann. Auch für sie ist es nicht nachvollziehbar, warum Stefanie H. ihr gesamtes Vermögen einer fremden Frau hinterlässt. Im Zuge ihrer Recherchen fällt ihr zudem auf, dass Stefanie H. noch zu Lebzeiten ein Grundstück an einen gewissen Peter H. verschenkt hat. Die Richterin holt graphologische und maschinenschriftliche Gutachten ein, doch alle Expertisen kommen zum Schluss, dass das Testament mit an Sicherheit grenzender Wahrscheinlichkeit echt ist.

Der Fall lässt der jungen Richterin keine Ruhe. Bei einem privaten Treffen mit einem befreundeten Notariatsanwärter erwähnt dieser ebenfalls Ungereimtheiten bei Erbschaften in Zusammenhang mit Peter H. Sie beginnt zu recherchieren, trägt jene Akten zusammen, in die der ominöse Peter H. involviert ist; ackert sich durch die Seiten, folgt der Spur des Vermögens. Nach und nach wird ihr klar, dass jemand im Spiel sein muss, der die genauen Aktenabläufe kennt. Als sie die betreffenden Testamente nebeneinanderlegt, fallen ihr einige Besonderheiten und Gemeinsamkeiten auf: Aufbau, Form, Schriftbild und Syntax gleichen sich bei fast allen Dokumenten. Weiters stehen sämtliche Erblasser unter Sachwalterschaft. Auch ein kleines, aber entlarvendes Detail bleibt den wachen Augen der Richterin nicht verborgen: In den Testamenten findet sich immer derselbe Beistrichfehler.

Im März 2009 informiert Isabelle Amann die Staatsanwaltschaft Feldkirch. Der frühere Untersuchungsrichter Manfred Bolter nimmt sich der heiklen Sache an. Der Kreis der Informierten bleibt klein, nur zwei Polizeibeamte werden eingeweiht, der Akt als Verschlusssache geführt. Keinem der Beteiligten ist zu diesem Zeitpunkt klar, welche Dimensionen der Fall annehmen wird. Für die junge Richterin gilt es zunächst, gute Miene zum bösen Spiel zu machen. In der Freizeit durchforstet sie die Archive, um im Auftrag der Ermittler mehr Aktenmaterial herbeizuschaffen. Am nächsten Arbeitstag sagt sie freundlich »Guten Morgen« zu jenen Mitarbeitern, die vielleicht schon bald verhaftet werden.

Im Hintergrund arbeitet der Staatsanwalt die Fälle minutiös auf. Im November 2009 hat er genug in der Hand, um erste Festnahmen und Hausdurchsuchungen anzuordnen. Jürgen H., damals 45 Jahre alt, Grundbuchsrechtspfleger und Leiter der Geschäftsstelle am Bezirksgericht Dornbirn, wird in den frühen Morgenstunden des 17. November 2009 an seiner Wohnadresse verhaftet. Wenig später nehmen Polizisten den Leiter der Außerstreitabteilung Kurt T. (46) an seinem Arbeitsplatz fest. Auch für Strohmann Peter H. (45) klicken die Handschellen.

Nur die Spitze des Eisbergs

Die Einvernahmen des Hauptverdächtigen Jürgen H. gestalten sich mühsam und zeitaufwändig. Der Verhaftete ist psychisch schwer angeschlagen. Zunächst weist er alle Vorwürfe von sich. Dann nimmt er möglichst viel Schuld auf sich, um vor allem seine Familienmitglieder zu schützen. Ende Jänner 2010, zwei Monate nach seiner Verhaftung, bestärken ihn seine Geschwister, reinen Tisch zu machen. Jürgen H. legt ein vollumfängliches Geständnis ab. Es ist eine Lebensbeichte. Er nennt weitere Fälschungen und belastet schließlich auch die damalige Vizepräsidentin des Landesgerichts Feldkirch, Kornelia R. (46) schwer (dazu später mehr). Auch Außerstreitrechtspfleger Clemens M. (50) – er wird am 21. Dezember 2009 verhaftet – belastet die zweithöchste Richterin des Landes in einem Teilgeständnis, zieht dieses jedoch einen Monat später wieder zurück. Der ehemalige Kanzleileiter Kurt T. und der pensionierte Rechtspfleger Walter M. (70) weisen von Beginn an jede Schuld von sich. Jürgen H. sei ein Lügner und Verleumder, er habe die Manipulationen in Eigenregie durchgeführt, so ihre Verantwortung.

Im Zuge der akribisch geführten Ermittlungen, die in etwa ein weiteres Jahr dauern, finden Staatsanwalt Bolter und sein Team jedoch zahlreiche Akten, Verträge und Urkundenfälschungen, die Jürgen H.s Aussagen bestätigen und auf eine systematische Mithilfe schließen lassen. Das Urkundenverzeichnis für die Jahre 1973 bis 2006 weist zahlreiche Fälschungen auf. Einträge wurden überklebt, ausradiert oder überschrieben, um die inkriminierten Testamente nachträglich in das chronologisch geführte Register eintragen zu können. Auch die Beglaubigungsbücher sind kontaminiert mit Manipulationen.

Als wahre Fundgrube stellt sich eine Sporttasche heraus, die der Hauptverdächtige bei der Mutter seiner Lebensgefährtin deponiere. Mehr als 750 schriftliche Unterlagen findet die Kriminalpolizei darin. Dabei handelt es sich unter anderem um Originaltestamente, verfälschte Testamente, Klarsichtfolien mit aufkopierten Unterschriften, Passkopien von Erblassern, altes Papier, Stempelmarken sowie alte Briefumschläge und Briefköpfe diverser Notariate. Den Großteil der Dokumente will Jürgen H. von seinem Komplizen, Rechtsanwalt Gernot S., kurz vor dessen Tod übernommen haben.

Viele Auffälligkeiten, aber wenig Handfestes, fördert die vom Oberlandesgericht Innsbruck angeordnete Sonderrevision zu Tage. Das Bezirksgericht Dornbirn wird sprichwörtlich auf den Kopf gestellt. Die Revisoren überprüfen mehr als 20.000 Akten aus den Jahren 1960 bis 2009 sowie nahezu 12.000 Originaltestamente bis ins Jahr 1921 zurück. Am Ende werden der Staatsanwaltschaft 323 dubiose Verlassenschaftsakten und 137 Testamente mit Fälschungsverdacht übergeben. Darüber hinaus melden sich rund 130 Personen bei einer am Landeskriminalamt eingerichteten Hotline.

Am Ende bleiben rund 60 Fakten, die sich ausreichend belegen lassen. Beim Großteil davon handelt es allerdings um Vorbereitungshandlungen. Die Staatsanwaltschaft Feldkirch bringt schließlich 16 Verdachtsfälle aus den Jahren 2001 bis 2008 zur Anklage. Der Gesamtschaden beträgt zehn Millionen Euro, wobei es bei 4,6 Millionen Euro beim Versuch geblieben ist. Es gibt neun Angeklagte, knapp 80 von rund 160 Geschädigten schließen sich dem Verfahren an. Jene zwei Fälle, die Richterin Kornelia R. betreffen, werden an die Staatsanwaltschaft Steyr delegiert, um jeden Anschein der Befangenheit der Vorarlberger Justizbehörden zu vermeiden.

Bei den insgesamt 18 angeklagten Fakten dürfte es sich allerdings nur um die Spitze des Eisbergs handeln. »Es gibt noch viele verdächtige Verlassenschaften, die zum Himmel stinken«, sagt Staatsanwalt Bolter in seinem Eröffnungsplädoyer. Doch der Faden in die Vergangenheit ist abgerissen. Wichtige Zeugen und handelnde Personen leben nicht mehr, zudem fehlen laut dem Bericht der Sonderrevision im Urkundenarchiv mehr als 500 Testamente. Auch die für die Beweisführung so wichtigen Urkundenverzeichnisse der Jahre 1951 bis 1972 sind spurlos aus den Archiven des Gerichts verschwunden.

Eingestellte Anzeigen und zahnlose Revisionen

Wie sich herausstellte, hätte die Staatsanwaltschaft Feldkirch den Fälschern schon viel früher das Handwerk legen können. Damit wäre wohl großer Schaden von den betroffenen Erben und der Justiz abgewendet worden. Hinweise gab es jedenfalls genug. Im Jahr 2002 erstatteten ein Notar und zwei Richter Anzeige, weil in einem Erbschaftsfall in Dornbirn Ungereimtheiten auftauchten. Sie berichteten von »massiven Verdachtsmomenten«. Jürgen H., der Motor hinter den Manipulationen, wurde damals erstmals einvernommen, das Verfahren schließlich aus Mangel an Beweisen eingestellt. Zwei Jahre später verlief eine weitere Anzeige im Sand.

Zahnlos dürften auch die periodischen Revisionen gewesen sein. Und wenn die Prüfer etwas entdeckten, gab es offenbar kaum Konsequenzen. Ein Amtsvermerk aus dem Jahr 1992 spricht Bände. Der damalige Landesgerichtspräsident hielt darin fest, dass er mit dem zuständigen Revisor ein ausführliches Gespräch über die Situation am Bezirksgericht Dornbirn geführt habe. Demnach würden sich dort Mitarbeiter »ungestraft jegliche Freiheiten herausnehmen«, wobei der Vorsteher der Geschäftsstelle mit schlechtem Beispiel vorangehe. Konkret war dem Revisor aufgefallen, dass verschiedene Akten und die dazugehörigen Urkunden nicht vorhanden waren und auch in bereits gebundenen Urkundenjahrgängen einzelne Dokumente fehlten. Der Geschäftsstellenleiter

Walter M. musste daraufhin zwar seinen Posten räumen, eine genaue Überprüfung der Akten und Verzeichnisse blieb aber aus.

Das damalige Versagen der internen Kontrolle trug massiv zum Vertrauensverlust der Justiz bei. Ein bundesweites Maßnahmenpaket führte daraufhin zu Verbesserungen bei der Dienstaufsicht und zu strengeren Dokumentationspflichten. Auch dürfen Gerichtsbedienstete seit 2010 keine Verlassenschaftskuratoren mehr sein, die in Wohnungen von Verstorbenen nach Testamenten suchen. Darüber hinaus gelten seit der Erbrechtsreform 2017 strengere Formvorschriften für Testamente.

Als mangelhaft, wenn nicht desaströs, darf in diesem Zusammenhang das Krisenmanagement bezeichnet werden, das die Justiz nach Auffliegen der Testamentsaffäre an den Tag legte. Medienanfragen wurden abgeblockt, Pressekonferenzen gab es so gut wie keine. Offenbar wollte die Justiz die schamlosen Machenschaften möglichst klein halten. Mehr Alibi als wirkliche Hilfe war die Schaffung einer Informationsstelle für geprellte Erben. Bei der Präsentation setzte Walter Pilgermair, Präsident des Oberlandesgerichts Innsbruck, der Kommunikations-Misere die Krone auf. Die anwesenden Journalisten wollten wissen, wie die Dienstleistung der Info-Stelle genau definiert wird. Pilgermair blieb eine Antwort schuldig. Es handle sich ja um keine Pressekonferenz, erklärte er den erstaunten Medienvertretern.

Die Justiz kann sich glücklich schätzen, dass der entscheidende Hinweis dann doch aus den eigenen Reihen kam. Wie bereits erwähnt, zählte Richterin Isabelle Amann eins und eins zusammen. Ihre Sachverhaltsdarstellung führte nach aufwändiger Ermittlungsarbeit der Staatsanwaltschaft schließlich zur Aufdeckung der Testamentsaffäre und zur Verurteilung mehrerer Justizmitarbeiter. Dass allerdings auch eine gut befreundete Richterkollegin in die Mühlen der Justiz geraten wird, ahnte Isabelle Amann damals noch nicht.

Das Nazi-Testament »Mutschler«

Als im Februar 2010 Anschuldigungen gegen die zweithöchste Richterin des Landes, Kornelia R., publik werden, erreicht der Justizskandal einen neuen dramatischen Höhepunkt. Die Vorwürfe wiegen schwer. Jürgen H. behauptet, dass Kornelia R. im Jahr 2005 – damals war sie Vorsteherin des Bezirksgerichts Feldkirch – die Fälschung eines Testaments zugunsten ihrer Mutter und ihrer Tante bei ihm in Auftrag gegeben habe.

Es beginnt mit dem Tod eines entfernten Verwandten im Jahr 2004. Der geistig beeinträchtige Wilhelm M. hinterlässt kein Testament, aber ein Liegenschaftsvermögen im Wert von 560.000 Euro. Der Mutter der Richterin und deren Schwester – letztere war zuletzt Sachwalterin von Wilhelm M. – stehen angesichts 29 weiterer Erbberechtigter nur je 7.600 Euro als Erbteil zu.

Anfang 2005 ruft Kornelia R. – vermutlich im Auftrag ihrer Mutter und Tante – im Bezirksgericht Dornbirn an und klagt, dass mangels eines Testaments jetzt Menschen erben würden, die sich nie um den Verstorbenen gekümmert hätten. Auf ihre Andeutung, »dass am Bezirksgericht Dornbirn so manches anders laufe«, will Jürgen H. wissen, ob »ein plötzlich auftauchendes Testament« hilfreich wäre, was die Richterin den Angaben des Rechtspflegers zufolge bejaht.

Für die Erstellung des Testaments greift Jürgen H. – nach Absprache mit Clemens M. und Walter M. – tief in die Trickkiste. Mittels Gerichtskostenmarken samt Hakenkreuzstempel, alter Tinte aus der Grundbuchabteilung und einer in die Jahre gekommenen Schreibmaschine fabriziert er ein ins Jahr 1944 rückdatiertes Testament. Grund für die »Zeitreise« ins Dritte Reich war unter anderem der Umstand, dass der Erblasser bereits seit den 1960-Jahren unter Vormundschaft stand und das Testament deshalb in der Zeit davor entstanden sein musste.

In der Gerichtskantine planen die Fälscher zusätzliche Vermächtnisse, sogenannte Legate, in das Testament einzubauen. Über einen Scheinerben bzw. den bevollmächtigten Bruder von Jürgen H. wollen sie sich so ein Viertel des Kuchens zuschanzen. In einem weiteren Legat begünstigen sie die bereits verstorbene Mutter des damaligen Lustenauer Bürgermeisters, um einen starken Partner an der Seite zu haben, falls das Testament angefochten werden sollte.

Als Kornelia R. von dem Testament erfährt, setzt sie alle Hebel in Bewegung. Einem der Legatare, dem Bruder des späteren Hauptangeklagten, bezahlt sie 23.000 Euro für den Verzicht auf das Vermächtnis. Als die Testamentsaffäre Ende 2009 auffliegt, verlangt die Richterin das Geld allerdings postwendend zurück. Dabei drohte sie dem Bankangestellten mit dem Verlust seines Arbeitsplatzes. Den Lustenauer Bürgermeister fordert sie äußerst forsch und mit fragwürdigen Argumenten zum Erbverzicht auf. Die Vorwürfe, ein Testament bestellt zu haben, weist die Richterin dann trotz erdrückender Indizienkette vehement zurück.

Keine »One-Man-Show«

Mehr als zwei Jahre nachdem die Vizepräsidentin des Landesgerichts Feldkirch vom Dienst suspendiert wurde, betritt sie Mitte Mai 2012 wieder einen Gerichtssaal. Doch anstatt wie üblich auf dem Richterstuhl Platz zu nehmen, muss die Feldkircher Juristin mit weiteren Beschuldigten auf die Anklagebank. Wie erwartet, erweist sich ihr erster Auftritt als Publikumsmagnet. Das Medieninteresse ist groß, nahezu alle Zuschauerbänke sind voll, Geschädigte aus Lustenau sind extra für die Verhandlung angereist. Der Prozess findet in Salzburg statt, um jeden Anschein der Befangenheit zu vermeiden.

Andreas Pechatschek, der zuständige Staatsanwalt aus Steyr, spricht in seinem sehr emotionalen Eröffnungsplädoyer von einer

»dunklen und schauderhaften Justizgeschichte«. Er sei enttäuscht darüber, dass niemand, außer dem Hauptangeklagten und dessen Geschwister, bereit sei, für das Unrecht der Taten einzustehen. »Stattdessen versuchen sie mit abstrusen, abenteuerlichen Geschichten ihre Unschuld zu beweisen«, adressiert er harsche Worte an die nicht geständigen Angeklagten. Die Landesgerichtsvizepräsidentin vermutet hinter den Anschuldigungen einen Racheakt, weil sie Druck auf den Bruder von Jürgen H. ausgeübt habe. Dieser Verantwortung schenkt Richter Andreas Posch allerdings keinen Glauben. Insgesamt ortet der Vorsitzende ein »horribles Unrechtsbewusstsein« und »mangelnde Zivilcourage«, auch bei den Zeugen.

Nach 21 Verhandlungstagen und 30-stündiger Beratung spricht der Schöffensenat am 31. Juli 2012 alle Angeklagten schuldig. Der Vorsitzende betont, dass sich das Gericht sehr schnell von der Einzeltätertheorie verabschiedet habe. »Wenn 40, 50 Auffälligkeiten auftreten, kann das kein Zufall sein. Es hat ein ›System Dornbirn‹ gegeben, das war keine One-Man-Show von Jürgen H.«, stellt der Richter klar. Zudem legt er Wert auf die Feststellung, dass kein einziger Schuldspruch nur auf den Aussagen des Hauptangeklagten beruhe, sondern immer auch auf Beweismitteln.

Der damals 46-jährige Andreas Posch war ein echter Glücksfall für den heiklen Prozess. Er führte die Hauptverhandlung nicht nur souverän, fair und mit beeindruckender Aktenkenntnis, sondern prüfte auch jeden einzelnen Punkt äußerst penibel – ganz so, wie es der Bedeutung des größten Justizskandals in der Geschichte Vorarlbergs geschuldet ist.

Der Hauptangeklagte Jürgen H. wurde zu sieben Jahren Haft verurteilt, seine ehemaligen Gerichtskollegen Clemens M. und Kurt T. zu je drei Jahren Haft, davon ein Jahr unbedingt. Der frühere Gerichtsbedienstete Walter M. erhielt zwei Jahre bedingte Haft. Für die suspendierte Vizepräsidentin des Landesgerichts Feldkirch setzte es zweieinhalb Jahre Haft, zehn Monate davon wurden unbedingt ausgesprochen. Schuldig gesprochen wurde auch Peter H., der sich unter anderem als falscher Erbe zur Verfügung stellte. Er kassierte eine unbedingte Freiheitsstrafe von fünf Jahren. Die Schuldsprüche erfolgten vorwiegend wegen Amtsmissbrauchs und Beitrag zum Amtsmissbrauch. In einzelnen Anklagepunkten gab es Freisprüche im Zweifel. Vier geständige Angehörige des Hauptangeklagten, die vorwiegend in die Rolle von Scheinerben geschlüpft waren und sich von Anfang an geständig gezeigt hatten, erhielten Haftstrafen zwischen sechs Monaten bedingt und zwei Jahren teilbedingt.

Nachdem der Oberste Gerichtshof im Oktober 2013 Teile der erstinstanzlichen Schuldsprüche aufgrund von Feststellungsmängeln aufgehoben hatte, ging im Jahr darauf die zweite Auflage des Prozesses über die Bühne. Im Vergleich zum ersten Rechtsgang änderte sich bei den Urteilen im Grunde nicht viel. Bei fast allen Angeklagten reduzierte sich das Strafmaß aufgrund der langen Verfahrensdauer. Der geständige Hauptbeschuldigte Jürgen H. bekam sechs Jahre unbedingte Haft und damit um ein Jahr weniger als im ersten Prozess. Für die nicht geständige Richterin Kornelia R. fiel die Strafe von 32 Monaten Haft, davon zehn Monate unbedingt, geringfügig höher aus. In ihrer Urteilsverkündung zeigte sich die Senatsvorsitzende Christina Rott »schockiert« über den Inhalt des Akts. Durch die »immense Dreistigkeit, Abwegigkeit und Verwerflichkeit« der Angeklagten sei der Justiz ein hoher Schaden zugefügt worden. Leute, die so etwas machen, sagte die Richterin, »haben in der Justiz nichts mehr verloren«.

Am 22. September 2015 bestätigte der Oberste Gerichtshof den Schuldspruch gegen die suspendierte Vizepräsidentin des Landesgerichts Feldkirch. Einen Monat später wies das Oberlandesgericht Linz die Strafberufung ab. Kornelia R. verlor ihr Richteramt und die damit verbundenen Pensionsansprüche. Die Haft durfte sie zuhause mit Fußfessel absitzen. Ihre Freundin Isabelle Amann dagegen erhielt im Jahr 2020 das Goldene Ehrenzeichen um die Verdienste der Republik Österreich.

Der Beitrag wurde anhand von Polizeiakten, Anklageschriften, Gerichts- urteilen sowie eigener früherer Recherchen verfasst. Eine aktuelle Inter- viewanfrage lehnten Vertreter der Staatsanwaltschaft und der Gerichte ab.

Vatikanischer Auslüftungs-Prozess!

Martina Pointner

Zwei Klöster, ein Kaplan
Vorarlberger Missbrauchsfälle im kirchlichen Kontext

Missbrauch ist ein schwieriges Thema. Noch dazu, wenn es um einen kirchlichen Kontext geht. Denn die Kirche nimmt mit ihrem selbst gesteckt hohen Anspruch an Ethik und Moral doch eine besondere Position ein. In Vorarlberg gibt es in der jüngeren Vergangenheit mit dem Privatgymnasium Mehrerau, der geistlichen Familie »Das Werk« und Kaplan August P. gleich drei prominente Namen, die mit Missbrauch in Verbindung gebracht werden. Eine Spurensuche.

Als im Jahr 2010 länger zurückliegende Missbrauchsfälle mit direktem Bezug zum Schülerinternat des Klosters Mehrerau in Bregenz medial aufschlugen, sorgte dies für kontroverse Diskussionen – in der Gesellschaft und speziell auch unter Ehemaligen des »Collegium Bernardi«. Während die einen hofften, dass nun eine breite Aufarbeitung des Themas möglich werde, waren es für andere Vorwürfe, die man so nicht nachvollziehen könne, oder gar unliebsame Fälle von »Nestbeschmutzung«. Schnell war die Bregenzer Privatschule jedenfalls weit über die Landesgrenzen hinaus in den Schlagzeilen.

Klosterschule vor Gericht

Im Jahr 2012 kam es dann zu den Schadensersatzklagen zweier Missbrauchsopfer gegen das Kloster Mehrerau. Diese endeten nach einem langwierigen Gerichtsweg, der bis zum Obersten Gerichtshof führte, jeweils mit einem Vergleich und Schmerzensgeld in sechsstelliger Höhe für Bruno G. und Christian C. Denn es galt als erwiesen, dass im Jahr 1981 die damalige Klosterleitung den späteren Täter Emeran B., genannt Pater J. – trotz Kenntnis einer einschlägigen Vorstrafe – zum Internatsleiter ernannt hatte und daher Verantwortung am Geschehen trug. Dies mache die Verantwortlichen ersatzpflichtig, hatte der OGH geurteilt. »Es wurde ein pädophiler Straftäter zum Internatsleiter bestellt, daher macht sich die Organisation per se schuldig«, formulierte es Opfer-Anwalt Sanjay Doshi damals in einem Interview. Aber die Prozesse brachten noch weitere Details ans Tageslicht: Obwohl im Jahr 1982 der damalige Abt den Eltern von Bruno G. versprochen hatte, Pater J. von allen Ämtern zu entheben, wenn sie im Gegenzug auf eine Anzeige verzichteten, passierte dies nicht. Jedenfalls nicht dauerhaft. Der Internatsleiter wurde vielmehr von Vorarlberg nach Tirol versetzt, wo er schon wenige Monate später wieder als Priester und Religionslehrer in einer Gemeinde tätig sein konnte.

Strafrechtlich verjährt

Aufgrund des äbtlichen Versprechens hatten die Eltern des schwer missbrauchten Bruno G. tatsächlich keine Anzeige erstattet. Dies tat ihr Sohn erst viele Jahre später, nämlich 2004. Der Beschuldigte gestand laut Medienberichten damals bei Einvernahmen zwar, mehrere Schüler sexuell missbraucht zu haben, doch wurde dies wegen Verjährung strafrechtlich nicht weiterverfolgt – und Pater J. blieb weiterhin in Amt und Würden. Erst nach der Veröffentlichung im Jahr 2010 wurde er vom Kloster schließlich dauerhaft suspendiert. Darüber hinaus wurde der frühere Internatsleiter jedoch nie belangt. Auch in den Schadensersatzprozessen konnte er nicht vorgeladen werden, weil sein damaliger Aufenthaltsort geheim gehalten wurde.

Zeitenwende

Doch im Sog der öffentlichen Diskussion 2010 kam es in der Mehrerau zu einer Art Zeitenwende im Umgang mit Missbrauchsthemen. Der erst 2009 zum Abt bestellte Anselm van der Linde wandte sich in einer Erklärung an die Öffentlichkeit und versprach, sich dem Problem zu stellen: »Es tut mir leid, was in der Vergangenheit geschehen ist, ich bitte die Opfer um Vergebung und werde alles tun, um jegliche Art von Missbrauch zu verhindern. [...] Missbrauch ist ein gesamtgesellschaftliches Problem. Die Kirche will in Zusammenarbeit mit anderen Institutionen einen Beitrag leisten, um dieses Problem offen anzugehen und zu lösen«, hieß es dort im Wortlaut. Auch der heutige Abt Vinzenz Wohlwend findet klare Worte, wenn es um das Thema Missbrauch und die Vorkommnisse von damals geht, wie im Interview auf Seite 137 nachzulesen ist.

Gehorsam statt Erfüllung

Geht es um das Thema Missbrauch und Kirche in Vorarlberg kommt man auch an der geistlichen Familie »Das Werk« mit Hauptsitz im Bregenzer Kloster Thalbach nicht vorbei. In ihrem 2014 erschienenen Buch »Nicht mehr ich: Die wahre Geschichte einer jungen Ordensfrau« berichtete die Werk-Aussteigerin Doris Reisinger (geb. Wagner) von systematischer Kontrolle, absolutem Gehorsam und sexuellem Missbrauch, denen sie als junge Schwester ausgesetzt war. Im Jahr 2003 war sie im Alter von 19 Jahren ins Kloster eingetreten, doch die erhoffte spirituelle Erfüllung fand sie dort nicht. Als die junge Frau die Gemeinschaft 2011 wieder verließ, war sie »depressiv, praktisch mittellos und hatte keine sozialen Kontakte mehr«, wie es in einer Buchbeschreibung heißt.

Anerkennung vom Erzbischof

In der Folge brachte Reisinger als Philosophin und Autorin das Thema Kirche und Missbrauch an die Öffentlichkeit. Die promovierte Theologin thematisierte dabei neben sexuellen Übergriffen vor allem auch das Phänomen des spirituellen, also geistigen Missbrauchs. Im Jahr 2019 führte Reisinger für eine bayerische TV-Dokumentation mit dem Titel »Missbrauch in der katholischen Kirche« vor der Kamera ein Gespräch mit dem Wiener Erzbischof Christoph Kardinal Schönborn. Dieser sagte damals, er habe ihr Buch gelesen und glaube ihr, dass sie im Kloster vergewaltigt worden sei. Zudem unterstrich er in diesem Zusammenhang, »dass es Strukturen und Systeme in der Kirche gibt, die Missbrauch begünstigten«, wie auf der Internetseite der Erzdiözese Wien zu lesen ist.

Täter-Opfer-Umkehr

Neben Reisinger erhoben weitere Aussteiger massive Vorwürfe gegen »Das Werk«. Wie etwa der Engländer Darren Canning, der sechs Jahre lang Mitglied der Gemeinschaft war und 2014 im TV-Magazin »Orientierung« (ORF) von einem »System aus religiösem Wahn, Überwachung und Unterdrückung« berichtete. Ebenso ein ehemaliger Werk-Priester, der anonym bleiben wollte. Er sagte damals über den Umgang mit sexueller Gewalt in der geistlichen Familie: »Mag eine Frau auch sexuell missbraucht worden sein, so trägt sie doch immer eine Mitschuld am Verbrechen, aufgrund ihres Frauseins, hat es geheißen.«

Das Enthüllungsbuch »und diverse Anschuldigungen« waren laut dem damaligen Werk-Sprecher Pater Georg Gantioler ein Anlass, »über unser Leben und unsere Arbeit erneut nachzudenken«, wie er in einer schriftlichen Stellungnahme festhielt. Reisingers

Erfahrungen bezeichnete er jedoch als »subjektive Darstellungen und Empfindungen der Autorin«. Hinsichtlich des Vorwurfs der Vergewaltigung hielt Pater Georg – unter Verweis auf ein eingestelltes Ermittlungsverfahren bzw. einvernehmliche intime Handlungen – fest, der beschuldigte Priester habe keinen Missbrauch begangen, sondern vielmehr das Keuschheitsgelübde verletzt. »Er hat aber seine Tat bereut«, hieß es in dem Schreiben. Nach Aussage des Werk-Priesters im ORF-Beitrag soll der Beschuldigte den Missbrauch gegenüber der Gemeinschaft später zugegeben haben.

Intrige als angebliches Motiv

Ein Fall von mutmaßlichem Missbrauch, bei dem der Beschuldigte selbst im medialen Fokus stand, hatte im Jahr 2004 für Aufsehen gesorgt. Kaplan August P., prominenter Priester, Autor und Macher erfolgreicher TV- und Radiosendungen, war damals vom Obmann des Selbsthilfevereins »Omnibus« öffentlich beschuldigt worden, in den 1980er-Jahren seine Vertrauensposition ausgenutzt und männliche Jugendliche sexuell ausgebeutet zu haben. Zehn Missbrauchsfälle seien bekannt, hieß es in Medienberichten.

Aufgrund der Bekanntheit des Beschuldigten, der fälschlicherweise oft auch »Pater P.« genannt wurde, schlugen die Vorwürfe hohe Wellen. Manch einer, darunter auch der Kaplan selbst, vermutete Neid und Missgunst als Motiv für die Anschuldigungen. Oder gar eine Intrige gegen den damaligen Feldkircher Bischof, der zur selben Zeit als »apostolischer Visitator« in der Diözese St. Pölten beschäftigt war, möglichen Fällen von Kinderpornografie und praktizierter Homosexualität nachzugehen. Der Kaplan und der Bischof galten als eng vertraut.

Von »Altlasten« und Lernprozessen

Der Beschuldigte wies damals alle Vorwürfe von sich und ging medienwirksam in die Offensive – mit Aussagen wie: »Ich war als junger Kaplan sehr offen und zugänglich, hab' die jungen Leute auch umarmt. Vielleicht hat da einer etwas missverstanden.« Und als er – laut der Tageszeitung »Der Standard« im Gespräch mit den »Vorarlberger Nachrichten« – über eine Nacht sprach, die er im Rahmen eines Schulausflugs zusammen mit einem Schüler im Doppelbett verbracht hatte, mutmaßte er: »Vielleicht ist da im Schlaf die Hand hingerutscht.«

Da die eingeleiteten Ermittlungen wegen Verjährung ergebnislos eingestellt wurden, blieben die genauen Sachverhalte ungeklärt. Pastoraltheologe Paul Zulehner sagte damals im »Standard«, die Enthüllungen seien eine Welle, »wo manche Altlasten an die Oberfläche kommen, die mit großer Geduld abgearbeitet werden müssen. Die Kirche wird aber sicher daraus lernen.«

Die Geschichte zeigt, dass es ein langer, steiniger Lernprozess war – und zum Teil noch immer ist.

Interview mit Abt Vinzenz Wohlwend
»Es sind Verbrechen geschehen«

Seit 2019 leitet Abt Vinzenz Wohlwend die Geschicke des Klosters Mehrerau. Im Interview nimmt er zu den Vorkommnissen von damals und dem heutigen Umgang mit dem Thema Missbrauch Stellung.

Martina Pointner: Sie besuchten in den Jahren 1981 bis 1989 das Klostergymnasium, also auch in der Zeit als Pater J. das Internat leitete. Wie haben Sie die Zeit damals erlebt? Haben Sie etwas von den Vorfällen mitbekommen?
Abt Vinzenz Wohlwend: Für mich war die Zeit im Collegium Bernardi unbeschwert. Dafür bin ich sehr dankbar. Übergriffe oder Vorwürfe gegenüber Pater J. waren in meinem ersten Jahr im Collegium kein Thema. Erst nachdem Pater J. entlassen wurde, gab es Gerüchte. Als damals Jugendlicher habe ich mich allerdings damit nicht wirklich beschäftigt.

Die damalige Klosterführung hat Pater J. trotz einschlägiger Vorstrafe zum Internatsleiter bestellt. Wie sehen Sie als heute Gesamtverantwortlicher die Entscheidung von damals?
Die Entscheidung hätte aus heutiger Sicht niemals so getroffen werden dürfen.

Wir müssen mit großem Bedauern zur Kenntnis nehmen, dass in der Vergangenheit ein nicht adäquater und falscher Umgang mit Opfern und Tätern sexuellen Missbrauchs gepflegt wurde. Es sind Verbrechen an Kindern und Jugendlichen geschehen, die nicht mehr rückgängig gemacht werden können und die wir zutiefst bedauern. Unsere Scham über das Geschehene ist groß. Ich möchte die Opfer – sofern ihnen das möglich ist – um Verzeihung bitten.

Statt Pater J., wie vom damaligen Abt versprochen, von allen Ämtern zu entheben, wurde er lediglich versetzt. Offenbar wurde von Seiten des Klosters auch weiterhin reger Kontakt mit ihm gepflegt. Wie lässt sich das erklären?

Pater J. wurde sehr wohl vom damaligen Abt suspendiert und von jeglicher Arbeit mit Kindern und Jugendlichen abgezogen. Die Suspendierung wurde allerdings wieder aufgehoben, nachdem er bereit war, sich in psychologisch-therapeutische Behandlung zu begeben. Die damalige Klosterleitung war der Meinung, dass die Rücknahme der Suspendierung durch die therapeutische Begleitung möglich sei. Es gab zu der Zeit auch keine Sanktion, die Pater J. das Kommen in die Mehrerau untersagt hätte. Dies änderte sich 2010 durch seine dauerhafte Suspendierung von sämtlichen priesterlichen Tätigkeiten. Suspendierungen kommen einem absoluten Berufsverbot gleich und sind die strengste Strafe, die kirchlicherseits ausgesprochen werden kann. Heute würde – entsprechend der aktuellen kirchenrechtlichen Vorgaben – selbstverständlich sofort und klar gehandelt werden. Neben der umgehenden Suspendierung würde auch mit den staatlichen Behörden intensiv zusammengearbeitet werden.

Das Kloster hat Pater J. stets geschützt. Glauben Sie nicht, dass es richtig und speziell für die Opfer wichtig gewesen wäre, dass sich der Täter zumindest in Rahmen der Prozesse erklären und zu seiner Verantwortung stehen muss?

Die Klage, die eingebracht wurde, richtete sich nicht gegen Pater J., sondern – aufgrund des Auswahlverschuldens – gegen das Kloster. Abt Anselm als Verantwortlicher des Klosters stand dem Gericht selbstverständlich persönlich zur Verfügung. Pater J. war damals 74 Jahre alt, psychisch und kognitiv höchst labil und gefährdet, wobei ihn das in keiner Weise exkulpiert. Er selbst wohnte bereits nicht mehr im Kloster Mehrerau und signalisierte, dass ihn eine medial-öffentliche Konfrontation überfordern würde. Es war seine Entscheidung, die zur Kenntnis zu nehmen war. Ich verstehe, dass dieser Vorgang nicht leicht nachvollziehbar ist, aber in seinem damaligen seelisch-geistigen Zustand hätte eine Begegnung im Gerichtssaal allen Beteiligten wenig gebracht – außer eine mediale Präsenz.

Ihr Vorgänger Abt Anselm van der Linde versprach nach Bekanntwerden der Fälle 2010, alles zu tun, »um jegliche Art von Missbrauch zu verhindern«. Was hat das Kloster bzw. das Collegium Bernardi konkret getan?
Abt Anselm hat den Schritt in die Öffentlichkeit gesetzt, um zu signalisieren, dass nichts vertuscht wird. Aber auch, um Aufarbeitung und Veränderung zu ermöglichen. Dabei standen die Opfer und Betroffenen immer im Mittelpunkt. Ihnen galt es vorrangig zu helfen, mit Gesprächen und Begegnungen, aber auch mit finanzieller Unterstützung – auch wenn diese das erlittene Leid niemals ungeschehen machen kann. Zudem wurde mit externen Expertinnen und Experten ein Verhaltenskodex erarbeitet. Dieser Kodex, der für alle in der Mehrerau – also Mönche, Lehrende, Mitarbeitende sowie Schüler und Schülerinnen – gilt, bietet klare Vorgaben zu einem wertschätzenden, guten Umgang und ein entsprechendes Miteinander. Zudem bietet der Kodex klare Präventionsrichtlinien. Er soll die Schüler stärken und ihnen Rüstzeug mitgeben, klar und deutlich »Nein« zu sagen und sich im Falle von Übergriffen wehren zu können.

Wie wird heute in der Mehrerau unter Ihrer Führung mit dem Thema Missbrauch umgegangen?
Unseren Umgang kann man umschreiben mit den Worten offen, klar, wahrhaftig. Und – sollte missbräuchliches Verhalten bekannt werden – halten wir uns an die Vorgaben von Papst Franziskus, dass es keinerlei Toleranz gibt. In solch einem Fall werden sämtliche notwendige Konsequenzen gegenüber den Beschuldigten oder Tätern getroffen. Und Betroffene werden maximal unterstützt, wobei ich betonen möchte, dass wir seit vielen Jahren keinerlei Missbrauch erlebt haben.

Vielen Dank für das Gespräch!

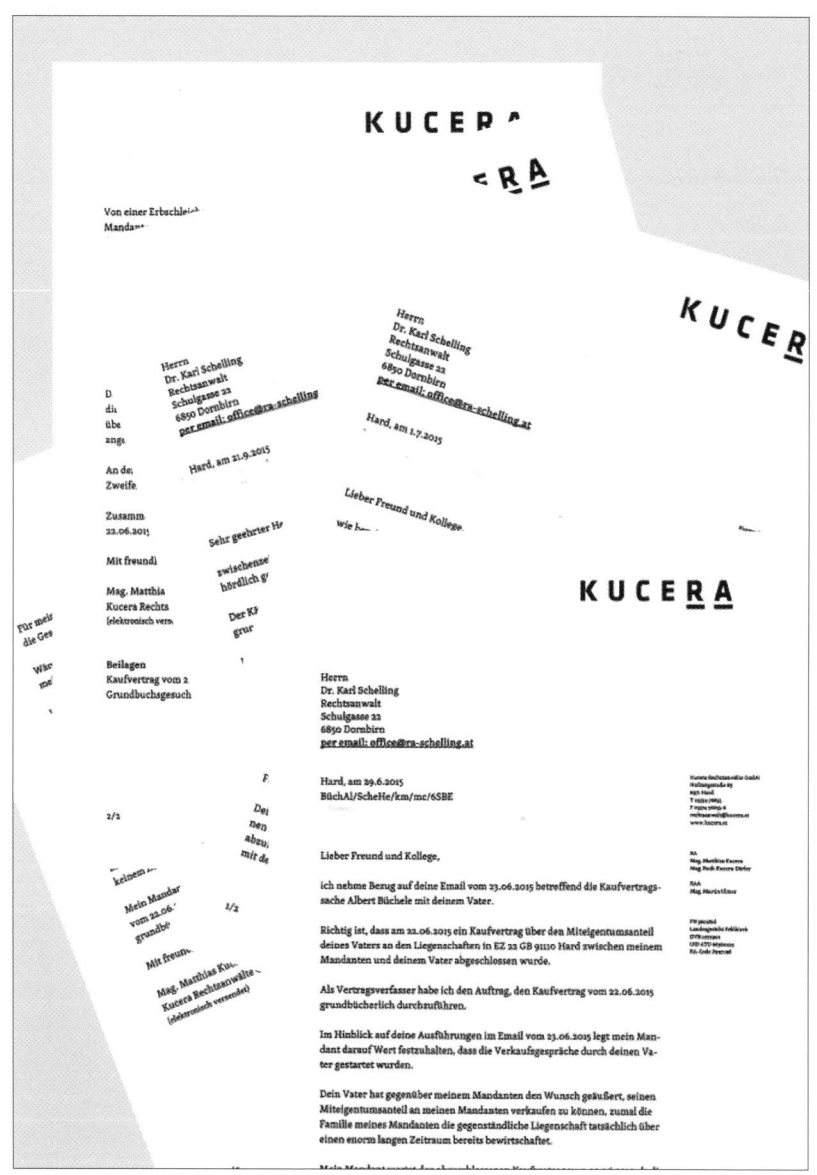

Schreiben von Mag. Kucera an Dr. Schelling (29.6.2015, 1.7.2015, 21.9.2015)

Christoph Greussing

»Der alte Mann und die Liegenschaft«
Die Chronologie eines gescheiterten Verkaufs

Biegt man im Zentrum von Hard am Bodensee nur wenige Meter
vom Gemeindeamt von der Marktstraße in die Mittriedstraße, öffnet sich auf der linken Seite ein Blickfeld auf eine 9.600 m² große
Wiese. Obwohl keine Kühe zu sehen sind, deuten das zertrampelte
und angefressene Gras und die alten vom Wind gekrümmten Birn-
bäume auf eine landwirtschaftliche Nutzung der Liegenschaft hin.
Zwischen den angrenzenden Wohngebäuden wirkt diese Grünfläche wie eine kleine naturbelassene Oase. Nichts deutet heute
mehr darauf hin, dass diese Liegenschaft im Jahr 2017 der Grund
für ein kleines politisches Erdbeben im Ländle samt Rücktritt von
zwei ÖVP-Funktionären gewesen ist. Neben der Staatsanwaltschaft haben sich auch die Gerichte und die Vorarlberger Anwaltskammer jahrelang mit dieser Angelegenheit beschäftigt. Vielerorts
hat dieser Fall die Volksseele zum Kochen gebracht.

Die Liegenschaft

In einer schnell wachsenden Marktgemeinde, wie Hard am Bodensee, ist eine zentral gelegene, unbebaute Grünfläche fast wie
ein kleines Wunder. Grundstücke in der Bodensee-Gemeinde
sind seit Jahren, besonders bei Wohnbauträgern, sehr begehrt.
Das äußert sich in der rasanten Preisentwicklung für Baufläche.
Kostete vor zehn Jahren ein m² Baugrund in dieser Gegend im
Durchschnitt noch 550 Euro, so liegt der Quadratmeterpreis heute bei unvorstellbaren 1.100 Euro.[1] Tendenz steigend. Der erste

Gedanke, dass diese Liegenschaft offensichtlich zu dem angrenzenden Bauernhof gehört, trügt. Ein Blick ins Grundbuch zeigt ein anderes Bild. Die Liegenschaft mit der Einlagezahl EZ 22, GB 91110 gehörte im Jahr 2015 mehreren Miteigentümern, unter anderem dem damals 96-jährigen Dipl.Ing. Hermann Schelling, wohnhaft in Dornbirn. Laut Flächenwidmung handelt es sich nicht um Agrarfläche, sondern um Bau- und Bauerwartungsland. Bauerwartungsfläche bedeutet nichts anderes, als dass ein Grundstück mit hoher Wahrscheinlichkeit in nächster Zeit in wertvolles Bauland umgewidmet wird. Nach österreichischer Rechtssprechung muss diese Wahrscheinlichkeit zumindest über 50% liegen und die Umwidmung in den nächsten zehn Jahren erfolgen.[2] Es liegt daher auf der Hand, dass gerade Bauerwartungsland für Investoren hochattraktiv ist, die mehr wollen als nur den reinen Werterhalt ihres Investments. Gemeinden inklusive. So hat die Gemeinde Hard laut einem Bericht der »Vorarlberger Nachrichten« im Jahr 2019 ein nicht so zentral gelegenes, 3.147 m² großes, Bauerwartungsland für satte 1,5 Millionen Euro, also 476,64 Euro pro m² gekauft.[3] Diese Zahlen sind wichtig, damit das im Jahr 2015 erfolgte Angebot für den Ankauf der Liegenschaftsanteile besser in Relation gebracht werden kann.

Der Nachbar

Streift der Blick auf die Ostgrenze der Liegenschaft sieht man den Michelehof, ein landwirtschaftlicher Betrieb, bestehend aus einem uralten Bauernhaus und einem neu errichteten Langhaus. Der Hof besteht seit 1838 und wird zwischenzeitlich in der sechsten Generation von der Familie Büchele bewirtschaftet. Hier stellt der Harder Landwirt Albert Büchele seine über die Landesgrenzen bekannten Edelbrände her. 2013 feierte der Michelehof sein 175-jähriges Jubiläum. Neben zahlreichen Gratulanten überbrachten nicht nur der ehemalige Harder Bürgermeister Köhlmeier (ÖVP), sondern auch der damalige Landesstatthalter Rüdisser (ÖVP) seine Glückwünsche. Büchele ist nicht nur ein umtriebiger Bauer, sondern war für lange Zeit als ÖVP-Gemeinderatsvertreter politisch aktiv. Bis 29. Mai 2018 war Büchele zudem Aufsichtsrats-mitglied der Hypo Vorarlberg.[4] Kurz: Ein in der ÖVP gut vernetzter Gemeindepolitiker, der über die Geschehnisse in seiner Heimat-gemeinde Hard sehr gut Bescheid wusste.

Der Rechtsanwalt

Mag. Matthias Kucera, ein gebürtiger Wiener und Wahl-Harder, stu-dierte Rechtswissenschaften an der Universität Wien und arbeitet heute als Rechtsanwalt, Verteidiger in Strafsachen und registrier-ter Treuhänder.[5] Zudem war Kucera als ehrenamtliches Mitglied des Disziplinarrates der Vorarlberger Rechtsanwaltskammer tätig. Dieses Gremium wacht über die Einhaltung der Berufspflichten eines Anwaltes und fällt bei groben Verstößen gegen die Rechts-anwaltsordnung (RAO) ein Urteil mit einem Strafausmaß von Verwarnungen über Geldstrafen bis hin zum Berufsverbot. Es sei an dieser Stelle erwähnt, dass Verurteilungen eher selten vorkom-men.[6] Über den österreichischen Arbeitnehmerinnen- und Arbeit-nehmerbund (ÖAAB) war Kucera seit 2000 Mitglied der ÖVP und hat im Jahr 2005 als Ersatzmitglied der Gemeindevertretung Hard in der Partei eine aktive politische Rolle übernommen. Bereits vier Jahre später wurde Kucera am 4. November 2009 als Abgeordne-ter zum Vorarlberger Landtag angelobt. Nach Ablauf der Legisla-turperiode wurde er im November 2014 abermals in den Landtag gewählt, dieses Mal als ÖVP-Sprecher für die Bereiche Soziales und Integration. Als Obmann des Integrationsausschusses und Ob-mann-Stellvertreter des Rechtsausschusses spielte er innerhalb der ÖVP Vorarlberg eine gewichtige Rolle. Nichts schien die politische

Karriere des ehrgeizigen Harder Anwaltes aufzuhalten. Kucera saß fest im Sattel und war sich der Unterstützung von Landeshauptmann Markus Wallner und ÖVP-Klubobmann Roland Frühstück bewusst. Auf den Korridoren der Landesregierung wurde er sogar als möglicher Nachfolger von Landesstatthalter Karlheinz Rüdisser (ÖVP) gehandelt. Im Herbst 2017 verdunkelte sich jedoch der politische Himmel für den selbstbewussten Abgeordneten Kucera. Ein zwei Jahre zurückliegendes Immobiliengeschäft, das er als Anwalt für seinen Gemeindevertreter-Kollegen Büchele rechtlich begleitet hatte, wurde am 6. Oktober 2017 vom Landesgericht Feldkirch wegen Geschäftsunfähigkeit des Verkäufers für ungültig erklärt. Mit großer Wahrscheinlichkeit war sich Kucera zu diesem Zeitpunkt noch nicht bewusst, dass mit diesem Urteil letztendlich das Ende seiner politischen Laufbahn eingeläutet wurde.

Der 96-jährige Verkäufer

Dipl. Ing. Hermann Schelling wurde am 5. Juni 1919 in eine neunköpfige Dornbirner Großfamilie hineingeboren. Für seinen Vater, einen der ersten Schulleiter in Vorarlberg, waren die Grundpfeiler seiner Erziehung: Bildung, Bescheidenheit, Bodenhaftung und vor allem Rücksichtnahme auf Mitmenschen. Werte, die Dipl. Ing. Schelling sein ganzes Leben immer hochgehalten hat. Er liebte die Berge, war ein begeisterter Sportler und das Streben nach Geld lag ihm fern. Nach seinem Studium der Elektrotechnik in Wien arbeitete Schelling bis zu seiner Pensionierung bei den »Vorarlberger Kraftwerken« (VKW) und hat dort, als technisch begabter Mitarbeiter, viele wichtige Projekte geplant und umgesetzt. Eingebettet in eine fürsorgliche Familie mit vielen Enkeln genoss er seinen Lebensabend. Bis kurz vor seinem Ableben im Jahr 2020 hat er bei seiner Tochter in Dornbirn gelebt. Seit 2013 ging es mit seiner geistigen Gesundheit langsam bergab. Zuerst waren es nur kleine Veränderungen, die für Außenstehende kaum wahrnehmbar waren. Kleine Vergesslichkeiten, wie sie jedem von uns schon einmal passiert sind. Langsames Reagieren auf Fragen oder längere Phasen von Tagträumereien. Und plötzlich ging es relativ rasch. Sein Sohn erinnert sich noch lebhaft an den Tag, an dem er das erste Mal realisierte, dass sein Vater an Demenz litt. Am 1. November 2013, Allerheiligen, am Grab seiner bereits vor Jahren verstorbenen Mutter fragte ihn sein Vater mit leiser Stimme: »Was machen wir hier? Wer liegt da im Grab?«

Das »Rechtsgeschäft«

22. Juni 2015 9:55 Uhr vormittags. Ein angenehm kühler Frühsommertag. Ein 96-jähriger Mann erklimmt die Treppe zur Kanzlei eines prominenten Dornbirner Notars. Schnaufend und mit leerem Blick reicht er den bereits anwesenden Personen halbherzig seine Hand und lächelt kurz zur Begrüßung. Alles ist vorbereitet. Auf dem Tisch liegen mehrere Kopien eines Kaufvertrages. Fast lautlos öffnet sich eine Türe, eine junge Kanzleigehilfin tritt vorsichtig ein und ersucht Herrn Büchele und Herrn Dipl. Ing. Schelling höflich um Aushändigung des Passes, um diesen zu kopieren. Schließlich soll alles seine Ordnung haben. Schelling tastet instinktiv mit seiner Hand die Jackentasche ab, obwohl er weiß, dass er nie einen Ausweis bei sich trägt. »Einen Ausweis habe ich nicht dabei« sagt er schuldbewusst und blickt Büchele an, der sich nervös am Hals kratzt. Der Notar erklärt Schelling, dass er für die Beglaubigung einen Ausweis braucht und fragt ihn, ob er diesen nicht schnell holen kann. Schelling nickt kurz, dreht sich ohne etwas zu sagen abrupt um und geht zur Türe. Büchele folgt ihm. Beide gehen in Richtung Marktplatz. Büchele beschließt, Schelling lieber nicht nach Hause zu begleiten, die Tochter wäre sicherlich nicht erfreut, ihn alleine mit ihrem Vater zu sehen. Seit einem Gespräch mit Schellings Sohn, der ihn eindringlich gebeten hat, die Liegenschaftsanteile nicht anzukaufen, war das Verhältnis zur Familie Schelling eher abgekühlt. Er bittet Schelling sich zu beeilen. Er würde hier im Café Steinhauser auf ihn warten. So trennen sich ihre Wege. Nach einer halben Stunde, die Büchele wie eine Ewigkeit vorkam, sieht er endlich Schelling auf ihn zukommen. Einige Schritte von ihm entfernt winkt er ihm freudig mit zwei Ausweisen zu, die er in seiner rechten Hand hochhält. Schelling zeigt ihm einen abgelaufenen Personalausweis, aber zur Freude von Büchele auch einen noch gültigen graugefärbten Führerschein. Gemeinsam gehen sie zurück zum Notar, der beide im Korridor begrüßt und mit einer Handbewegung zum Sitzungszimmer bittet. »Gehen Sie nur weiter« sagt er höflich und folgt den Herren in den Raum. Nach einem kurzen Small Talk, an dem sich der 96-Jährige nicht beteiligt, klatscht der Notar leicht seine Hände zusammen. Mit einem »Na dann können wir ja beginnen?« ersucht er alle Platz zu nehmen. Nach einer formell klingenden Begrüßung und Erklärung des Rechtsgeschäftes öffnet der Notar mit ruhiger Hand eine vor sich liegende schwarze Ledermappe, rückt sich mit dem linken Zeigefinger seine Brille zurecht und liest den mehrseitigen Kaufvertrag vor. Zeile um Zeile. Der alte Mann, der sich mit beiden Händen an der Lehne des hölzernen Stuhles festhält, wippt gleichmäßig mit dem Kopf, als würde er einer imaginären Musik lauschen. Büchele wirkt wieder angespannt und blickt erwartungsvoll auf den noch immer lesenden Notar. Nachdem der letzte Paragraph des Vertrages vorgetragen wurde und es trotz Nachhakens des Notars keine Fragen mehr gibt, schließt er mit einer langsamen Bewegung die schwarze Ledermappe. Er greift nach den vorbereiteten Schriftstücken in der Mitte des Tisches und legt den beiden Herren jeweils ein Exemplar vor. »Ich ersuche Sie nunmehr den Vertrag zu unterschreiben« sagt der Notar in einem fast feierlichen Ton. Beide beugen sich vor und unterschreiben mit den bereitgestellten Stiften, die mit kleinen farbigen Klebstreifen markierten Stellen des Vertrages.

So könnte es wohl gewesen sein. Ein Vorgang, der in Österreich jeden Tag tausendfach vorkommt und normalerweise nach Unterschrift der Verträge routinemäßig abgewickelt wird. Dieses Mal nicht.

Widerstand gegen dieses Geschäft hatte sich bereits im Vorfeld aufgebaut. Kein Wunder, dass sich die ganze Familie von Herrn Dipl Ing. Schelling mit aller Kraft gegen den Verkauf der Liegenschaftsanteile stemmte, zumal der betagte Mann seit geraumer Zeit an einer fortschreitenden Demenz litt. Bemerkenswert ist die Aussage seines Sohnes, Dr. Karl Schelling, ein in Dornbirn ansässiger Anwalt, der ein Jahr vor Vertragsabschluss erfuhr, dass bei den seltenen Treffen zwischen Büchele und seinem Vater unter anderem auch über den Verkauf seines 1/6 Anteiles gesprochen wurde. Er hat Büchele schon damals bei einem zufälligen Treffen in Hard im Frühling 2014 angesprochen und ihn darauf hingewiesen, dass »sein Vater nicht mehr in der Lage ist, diese Angelegenheit von ihrer Tragweite her zu beurteilen.«[7] Er hat ihn eindringlich gebeten, aus diesem Grund von Verkaufsgesprächen mit seinem Vater Abstand zu nehmen, was dieser ihm angeblich zugesagt hätte. Damit war für den Sohn des Verkäufers die Angelegenheit erledigt und ein Verkauf der Anteile des Vaters damit abgewendet. Später hat Büchele dieses Gespräch gegenüber der Staatsanwaltschaft bestätigt mit der Einschränkung, dass Dr. Schelling die Geschäftsunfähigkeit des Vaters nicht erwähnt hätte. Laut Vernehmungsprotokoll habe er sich zu keinem Zeitpunkt vom möglichen Ankauf der Liegenschaftsanteile distanziert. Schließlich sei Dipl. Ing. Schelling auf ihn zugekommen und habe ihm die Anteile angeboten.

Tatsache ist jedoch, dass die Verkaufsgespräche zwischen Büchele und dem betagten Herrn heimlich weitergingen. So erinnert sich die Tochter von Dipl. Ing. Schelling, dass Büchele eines Tages zu Kuchen und Kaffee aufgetaucht ist und bei der Verabschiedung ihren Vater ersucht hat, draußen vor der Türe, unter vier Augen, noch eine Angelegenheit zu besprechen. Seit diesen Gesprächen mit Büchele entwickelte der alte Mann eine Wahnvorstellung, dass er die Menschen vor dem Verhungern retten müsse. Die beste Lösung wäre seine Liegenschaft einem Landwirt, wie Büchele einer ist, zur Verfügung zu stellen. Damit könnte er die Milchproduktion erhöhen und ausreichend Butter und Käse produzieren. Diese Sorgen und Gedanken über die Ernährung der Vorarlberger Bevölkerung hat er mit seinem Sohn immer wieder geteilt, der sich nicht erklären konnte, warum dieses Thema seinem Vater so wichtig war. Die von ihm geplante Übergabe der Liegenschaftsanteile an Büchele erwähnte er ihm gegenüber nie. Im April 2015 hat er diese wirren Gedanken in einem seitenlangen Schreiben der Marktgemeinde Hard mitgeteilt.

15. Juni 2015 – Tag der Unterschrift – gegen Mittag. Niemand in der Familie Schelling wusste über den von Büchele fixierten Termin beim Notar Bescheid. Dipl. Ing. Schelling hat seine Wohnung am Vormittag verlassen, so wie er es normalerweise immer macht, um einen kleinen Spaziergang zu unternehmen. Ein Tag wie jeder andere, so dachte die im gleichen Haus wohnende Tochter. Erst als sie beim Aufräumen der Wohnung ihres Vaters einen von Büchele handgeschriebenen Zettel mit dem Termin »15. Juni 2015 10:00 Uhr beim Notar« fand, klingelten die Alarmglocken. Mit Entsetzen mussten sie und ihr herbeigeeilter Bruder feststellen, dass der Vater vor einigen Stunden einen Kaufvertrag unterfertigt hatte. Laut Aussage des Vaters hätte er das Dokument vor dem Termin beim Notar nie bekommen. Büchele behauptet zwar, dass er auf Anraten seines Anwaltes Kucera den Vertrag einige Tagen vor der notariellen Bestätigung in den Briefkasten von Schelling deponiert habe, dieses Exemplar ist jedoch nie aufgetaucht.[8]

Der Inhalt des Vertrages wirft schwerwiegende Fragen auf. Wieso verkauft ein 96-Jähriger seinen 1/6-Anteil an einer 9.600 m² großen Bau- bzw Bauerwartungsfläche um läppische 50.000 Euro? Das sind für seinen Anteil 31,25 Euro pro m². Die Gemeinde Hard hat ein paar Jahre später ein nicht so attraktiv gelegenes Grundstück um 476,64 Euro pro m² gekauft. Das ist mehr als das zehnfache.

Bereits zwei Tage später suchte Dipl. Ing. Schelling den Notar abermals auf und bat ihn, den Vertrag rückgängig zu machen. Sein Sohn, Dr. Schelling, hat dem von Büchele beauftragten Rechtsanwalt, Herrn Mag. Kucera, bereits einen Tag nach der Unterfertigung unter anderem Folgendes geschrieben:

»… offensichtlich hat Dein Mandant Albert Büchele mittlerweile einen Vertrag ausarbeiten lassen, mit welchem er den 1/6-Anteil meines Vaters in Hard um EUR 50.000,00 kaufen will. Ich habe mit Albert Büchele vor ca. 1 Jahr über dieses Thema gesprochen. Dies dahingehend, dass mein Vater nicht mehr in der Lage ist, diese Angelegenheit von ihrer Tragweite her zu beurteilen … Ich gehe hier eindeutig davon aus, dass diesbezüglich seine Geschäftsfähigkeit nicht mehr gegeben ist. Ich darf deshalb höflichst darum ersuchen, dass Herr Albert Büchele den notwendigen Respekt vor einem 96-jährigen Mann hat und die Schwierigkeiten, die ein solches Alter mit sich bringt, achtet.«[9]

Kucera hat also bereits einen Tag nach der Unterfertigung des Vertrages von Schelling erfahren, dass der 96-Jährige nicht mehr geschäftsfähig ist. Im Auftrag seines Klienten Büchele hat er die Geschäftsunfähigkeit des Verkäufers jedoch bestritten und die Eintragung des Kaufvertrages im Grundbuch weiter vorangetrieben. Das beweist seine in den Medien veröffentliche Korrespondenz mit der Kanzlei Schelling.

Trotz des sofortigen Einspruchs von Dr. Schelling war Büchele nach wie vor felsenfest von der Rechtmäßigkeit des Geschäftes überzeugt. Er vertrat die Meinung, dass er mit dem Kauf der Liegenschaftsanteile einen Herzenswunsch von Dipl. Ing. Schelling erfüllt habe. Die an seinem Hof angrenzende Liegenschaft soll auch in Zukunft für die Landwirtschaft zur Verfügung stehen, so wie in den letzten 170 Jahren. Nachdem er als Pächter das Grundstück nur als Agrarfläche nutzen würde, sei der Preis aus seiner Sicht absolut gerechtfertigt. Laut dem Vernehmungsprotokoll der Staatsanwaltschaft Feldkirch habe er den Preis sogar großzügig auf 50.000 Euro aufgerundet.

Der Prozess

Aufgrund der festgefahrenen Positionen blieb für die Familie Schelling nur mehr der Gang zum Gericht. Dr. Schelling engagierte umgehend einen Gutachter, der nach eingehenden Untersuchungen klar feststellte, dass sein Vater an Demenz leidet und daher aus seiner Sicht nicht mehr geschäftsfähig ist. Auf Basis dieses Gutachtens stellte er im September 2015 einen Sachwalterantrag für seinen Vater. Damit war die vom Gespann Kucera/Büchele vorangetriebene grundbücherliche Umsetzung des Kaufes nicht mehr möglich. Bis zur gerichtlichen Klärung der Geschäftsfähigkeit des Verkäufers war das Grundbuch für dieses Geschäft gesperrt. Im darauf folgenden Jahr im April wurde Schelling vom Bezirksgericht Dornbirn zum Sachwalter seines Vaters bestellt und reichte umgehend beim Landesgericht (LG) Feldkirch eine Klage auf »Feststellung der Unwirksamkeit des Rechtsgeschäftes« ein, also die Unwirksamerklärung des unterschriebenen Kaufvertrages. Nach mehreren Verhandlungen und einigen Gutachten samt Zeugenanhörungen, war es am 29. Juli 2017 dann soweit. Das Landesgericht Feldkirch erklärte das Rechtsgeschäft wegen der Geschäftsunfähigkeit des Verkäufers für unwirksam. Vorerst nur ein Etappensieg, denn Schelling war sich sicher: Büchele wird sich mit dem Urteil nicht abfinden können. Und er wird recht behalten. Büchele, der jetzt von einem anderen Anwalt, den er vom Aufsichtsrat der Hypo Vorarlberg kannte, vertreten wurde, legte Berufung ein. Das Oberlandesgericht (OLG) Innsbruck hob das Ersturteil aus formellen Gründen auf, weil zwei beantragte Zeugen während der Verhandlung nicht einvernommen worden sind. Somit musste sich das Landesgericht (LG) Feldkirch abermals mit dem Fall beschäftigen. Dieses Hin und Her zwischen den zwei Gerichten dauerte noch bis 2020. Dann, fast genau fünf Jahre nach der verhängnisvollen Unterschrift, bestätigte schließlich das OLG Innsbruck am 12. Juni 2020 das Urteil des LG Feldkirch. Den Weg zum Obersten Gerichtshof hat sich Büchele erspart. Fünf Jahre lang einen Prozess zu führen, war wahrscheinlich auch ihm zu lang.

Die Medien

Gerichtsurteile werden im Rechtsinformationssystem des Bundes (RIS) veröffentlicht. Für Medien ist das RIS eine unerschöpfliche Quelle an möglichen neuen Stories. So ist ein Journalist einer prominenten Vorarlberger Zeitung wahrscheinlich auf das Urteil gestoßen und hat im Oktober 2017 das erste Mal über den Harder Grundstücksdeal geschrieben.[10] Die Resonanz war gewaltig. Ein Artikel folgte auf den anderen, wobei nicht nur Vorarlberger, sondern auch österreichweite Medien über den Fall berichteten. Nachdem zwei ÖVP-Funktionäre in diesen Fall verwickelt waren, stieg die politische Opposition auf die Barrikaden. Im Landtagsklub der ÖVP war klar, dass etwas unternommen werden musste.

Schadensbegrenzung

Eilig wurde seitens der ÖVP beschlossen, dass Kucera gemeinsam mit Klubobmann Frühstück am 9. Oktober 2017 eine Pressekonferenz[11] abhalten sollte, um die Dinge wieder gerade zu rücken und der Opposition den »Wind aus den Segeln« zu nehmen.

Im Rahmen dieser Pressekonferenz behauptete Mag. Kucera nur Vertragsverfasser gewesen zu sein. Seiner Meinung nach sei er daher nicht verpflichtet, die Geschäftsfähigkeit des Verkäufers als auch den verhandelten Preis zu hinterfragen. Das sei Sache zwischen Käufer und Verkäufer. Ein paar Tage später wurde von den Medien ein Teil der Korrespondenz von der Kanzlei Kucera an Dr. Schelling publiziert, die ein anderes Bild zeichnet. Im Schreiben vom 1. Juli 2015 ist zu entnehmen, dass Kucera trotz seiner Schutzbehauptung nur als Vertragserrichter agiert zu haben, Büchele sehr wohl rechtsfreundlich [12] vertreten hat. Ein grob fahrlässiger Verstoß gegen die Rechtsanwaltsordung (RAO)[13] für den er sich in späterer Folge im Jahr 2017 vor dem Disziplinarrat der Vorarlberger Rechtsanwaltskammer verantworten musste.

Weiters habe ihn der niedrige Verkaufspreis auch überrascht, aber Büchele hätte ihm diesen schlüssig erklären können. Schließlich würde es sich um eine landwirtschaftlich genutzte Liegenschaft handeln. Diese Auffassung hatte er bereits 2015 gehabt. So erklärt er im Schreiben vom 1. Juli 2015 unter anderem: »Der im Kaufvertrag vom 22. Juni 2015 vereinbarte Kaufpreis ist im Hinblick auf die Eigenschaft des Kaufgegenstandes als Miteigentumsanteil sowie der überwiegenden landwirtschaftlichen Widmung der gegenständlichen Flächen angemessen.« Was in der Sache natürlich nicht richtig ist. Es handelt sich zwar um Miteigentum, aber nicht um landwirtschaftliche Fläche und die effektive Nutzung eines Grundstückes hat natürlich keine Auswirkung auf die Flächenwidmung. Grasende Kühe auf einer Baufläche machen diese nicht automatisch zu billigerer Agrarfläche.

Für Staunen sorgte auch seine Aussage, dass er Dipl. Ing. Schelling nie persönlich kennengelernt habe und daher auch nicht in der Lage gewesen sei, seine Geschäftsfähigkeit zu überprüfen. Der beauftragte Notar habe diesbezüglich ebenfalls keine Einwände gehabt, womit sich aus seiner Sicht die Frage der Geschäftsfähigkeit erübrigt hätte. Unmittelbar nach der Pressekonferenz meldete sich dann der Dornbirner Notar zu Wort [14] und stellte Folgendes klar: »[…] dass von seinem Notariat lediglich die Echtheit der Unterschrift des Verkäufers notariell beglaubigt wurde. Eine Prüfung der Geschäftsfähigkeit hat nie stattgefunden.« Der fehlende Kontakt mit dem Verkäufer ist ebenfalls ein grober Verstoß von Kucera gegen die RAO.

Kucera betonte in der Pressekonferenz, dass er nach Erhalt des Schreibens von der Kanzlei Dr. Schelling, in dem er Zweifel an der Geschäftsfähigkeit des Verkäufers äußerte, am 23.6.2015 die Eintragung des Kaufvertrages im Grundbuch sofort eingestellt habe. In Wirklichkeit haben Büchele und Kucera die Umsetzung des Grundstückdeals sehr wohl vorangetrieben. So schreibt er am 21. September 2015, also drei Monate danach, an Schelling: »Der Käufer hat mich als Vertragsverfasser ersucht, den Kaufvertrag nunmehr grundbücherlich durchzuführen.« [15] Diese Verdrehung der Tatsachen wurde von Landeshauptmann Wallner in einer Landtagssitzung [16] heftig kritisiert: »Ich sage auch, dass es gut gewesen wäre – das weiß er auch (Anm.: Kucera) – wenn der Abgeordnete Kucera auch gesagt hätte, dass auch nach dem Kontakt mit dem Rechtsanwalt Schelling noch zwei, drei Schritte erfolgt sind, die auch anwaltlich notwendig waren.«

Was als klärendes Gespräch mit Journalisten geplant war, um die Fakten wieder ins rechte Licht zu rücken, entpuppte sich später als Brandbeschleuniger. Viele der Aussagen wurden relativiert oder von Medien durch veröffentlichte Dokumente als Unwahrheit entlarvt. Der gegenteilige Effekt trat ein. Die Emotionen gingen hoch und regelmäßig erschienen neue Artikel mit neuen Enthüllungen.

Der Landtag

In der aktuellen Stunde der Vorarlberger Landtagssitzung vom 15. November 2017 [17] wurde der Fall auf Antrag der Freiheitlichen unter dem Titel »Grundstücksgeschäft Hard – Wo beginnt bzw. enden Anstand und Moral eines Landtagsabgeordneten?« heftig und emotional diskutiert. Die Wogen schlugen hoch, wobei die gesamte Opposition geschlossen den Rücktritt der ÖVP-Funktionäre Büchele und Kucera forderte. Sogar der damalige Regierungspartner, »Die Grünen«, verlangte von Büchele die sofortige Niederlegung des Aufsichtsrat-Mandates der Hypo Vorarlberg. Die ÖVP beharrte jedoch auf ein einfaches »Auslaufenlassen« des Mandates bis Ende der Funktionsperiode, mit der Argumentation, dass im Mai 2018 ohnehin ein neuer Aufsichtsrat gewählt werden würde. Landeshauptmann Wallner kritisierte Büchele für dessen Berufung gegen das Ersturteil des LG Feldkirch. »Ich halte das für moralisch bedenklich« war seine abschließende Aussage zu Bücheles Rolle. Was Kucera betrifft stellten sich »Die Grünen« erwartungsgemäß hinter den Vorschlag von Landeshauptmann Wallner,[18] vorerst das Ergebnis des Disziplinarrates der Vorarlberger Rechtsanwaltskammer abzuwarten und den Ball flach zu halten. Als Flucht nach vorn hatte sich Kucera am Tag vor der Landtagssitzung selbst bei der Kammer angezeigt. Schelling hatte im Rahmen einer Pressekonferenz Tage davor ebenfalls eine Anzeige bei der Kammer angekündigt.[19] Dem ist Kucera mit seiner Selbstanzeige zuvorgekommen.

Die Staatsanwaltschaft

Seit September 2017 beschäftigte sich auf Betreiben von Schelling auch die Staatsanwaltschaft Feldkirch mit der Causa »Harder Grundstücksdeal«.[20] Nach einem Ermittlungsverfahren kam die Behörde im September 2018 zum Schluss, dass es keine stichhaltigen Beweise für eine strafrechtliche Anklage von Büchele und Kucera gibt. In der Urteilsbegründung heißt es: »Es kann nicht mit der nötigen Sicherheit nachgewiesen werden, dass die fehlende Geschäftsfähigkeit des Verkäufers für die Beschuldigten erkennbar war. Es kann ihnen daher auch nicht unterstellt werden, diesen Umstand gezielt ausgenutzt und beim Verkäufer falsche Vorstellungen über die Zukunft oder über den wahren Wert der Liegenschaft hervorgerufen zu haben.«

Nach der Entscheidung der Staatsanwaltschaft keine Klage zu erheben, war aufgrund der Selbstanzeige von Kucera die Anwaltskammer am Zug.

Der letzte Vorhang

Das letzte Kapitel in der Angelegenheit wurde erst im Jahr 2021 geschrieben, also sechs Jahre nachdem der Kaufvertrag unterschrieben wurde. Es hat unzählige Verhandlungen und insgesamt fünf Gutachten gebraucht, bis der Käufer Büchele zur Kenntnis genommen hat, dass der betagte Verkäufer zum Zeitpunkt des Vertragsabschlusses nicht geschäftsfähig war.[21] Immer wieder hat Büchele aus formellen Gründen gegen das Urteil des Landesgerichtes Feldkirch berufen. Auch Kucera hat die Gerichte bemüht. Im März 2019 hatte der Disziplinarrat der Rechtsanwaltskammer ja bereits festgestellt, dass er »grob sorgfaltswidrig« gehandelt hatte. Kucera legte daraufhin mit sofortiger Wirkung alle seine politischen Ämter auf Landes- und Gemeindeebene nieder. »Diese Erkenntnis wird von mir selbstverständlich akzeptiert und ich werde dagegen auch kein Rechtsmittel einbringen,« sagte er noch am 13. März 2019 vor Medienvertretern.[22] Trotzdem legte er innerhalb der vorgesehenen Frist Berufung ein. Als zuständige Instanz musste sich daher auch der Disziplinarsenat mit dem Urteil der

Vorarlberger Rechtsanwaltskammer beschäftigen. Am 21. Februar 2021 bestätigte dieser das Urteil der Kammer mit der Begründung, dass Kucera als Vertragserrichter den Käufer gegen den Verkäufer vertreten habe. Zudem hätte er den Verkäufer vor der Unterzeichnung über die Nachteile und Auswirkungen des Vertrages aufklären müssen. Kucera wurde daher zu einer Strafzahlung von 1.000 Euro verurteilt.[23]

Selten hat ein Fall die Emotionen im Ländle so hochgehen lassen. Viele Institutionen und Gremien und sogar der Vorarlberger Landtag haben sich mit der Causa beschäftigt. Nicht nur die politische Opposition war erzürnt, an vielen Stammtischen wurde der Harder Grundstücksdeal heftig diskutiert. Letztendlich hat diese Angelegenheit das ohnehin schon sinkende Vertrauen in die Politik geschwächt. Rein rechtlich gesehen mag dieser Fall gelöst sein, moralisch betrachtet werden sich die handelnden Personen wohl selbst kritisch hinterfragen müssen, ob die Absichten und Taten unter Umständen doch verwerflich waren.

Der Verkäufer, Dipl. Ing. Hermann Schelling, hat die finalen Urteilssprüche leider nicht mehr erlebt. In den letzten Jahren seines Lebens verschlechterte sich seine Gesundheit zusehens. Von dem medialen Wirbel um seine Person hat er nichts mehr mitbekommen. Zum Glück, sagt sein Sohn. Er ist am 5. April 2020 im Kreise seiner Familie friedlich entschlafen.

Fußnoten

1 Vorarlberger Immobilienpreisspiegel 2022 der S-Real, Sparkassengruppe

2 https://dr-schoepf.at/bauerwartungsland-oder-doch-nur-freiland/3.10.22/8:18

3 https://www.vn.at/vorarlberg/2019/05/11/hard-sichert-sich-weiteren-baugrund-fuer-15-millionen-euro.vn

4 Geschäftsbericht 2018 der Hypo Vorarlberg

5 https://austria-forum.org/af/AustriaWiki/Matthias_Kucera#cite_note-1, 3.10.2022/11:32

6 https://www.rechtsanwaelte-vorarlberg.at/kammer/disziplinarrat

7 E-Mail von Herrn Dr. Karl Schelling an Herrn Mag. Kucera vom 23.6.2015

8 https://www.vol.at/vorarlberg-so-lief-der-harder-grundstuecksdeal/5922067 4.10.22/22:31

9 https://vorarlberg.orf.at/v2/news/stories/2872107/index.html 9.10.22/19:03

10 https://www.vn.at/vorarlberg/2017/10/05/bauland-in-bestlage-zum-schnaeppchenpreis.vn 7.10.22/22:35

11 https://www.youtube.com/watch?v=DS2i6_kOjZY 4.10.2022/13:20

12 Schreiben von Mag. Kucera an Dr. Schelling vom 1.7.2015

13 https://www.ris.bka.gv.at/GeltendeFassung.wxe?Abfrage=Bundesnormen&-Gesetzesnummer=10001673, 4.10.2022/16:00

14 https://www.vol.at/grundstuecksdeal-in-hard-notar-hat-nur-unterschrift-beglaubigt/5500742 4.10.2022/14:09

15 Schreiben von Mag. Kucera vom 21.9.2015 an Dr. Schelling

16 https://apps.vorarlberg.at/landtag_videoarchiv/index.html?d=15_11_2017# 7.10.22/09:32

17 https://apps.vorarlberg.at/landtag_videoarchiv/index.html?d=15_11_2017 – 4.10.22/21:06

18 https://www.derstandard.at/story/2000065729664/grundstuecksgeschaeft-vorarlbergs-vp-chef-wallner-verteidigt-seine-funktionaere 4.10.22/21:51

19 https://vorarlberg.orf.at/v2/news/stories/2874119/index.html 4.10.22/22:06

20 https://www.vol.at/schlussstrich-unter-die-harder-grundstueckscausa/5910916 6.10.22/15:40

21 https://vorarlberg.orf.at/stories/3091774/5.10.22/12:50

22 https://vorarlberg.orf.at/m/v2/news/stories/2969874/5.10.22/13:30

23 https://www.vol.at/harder-grundstuecksdeal-kucera-grob-sorgfaltswidrig/6906519 8.9.2022/00:55

Wahlurne mit doppeltem Boden!

Moritz Moser

Ein Urnengang mit Folgen
Der Bludenzer Wahlkartenwahnsinn

Der Verfassungsgerichtshof hebt Ende November 2015 die Bürgermeisterstichwahlen in Bludenz und Hohenems auf. Grund dafür ist die gesetzeswidrige Ausstellung von Wahlkarten auf Wunsch von Funktionären der Vorarlberger Volkspartei. Die ÖVP fürchtet im Gemeindewahlkampf 2015 die Bürgermeistersessel in den zwei Städten zu verlieren. Für die Wahlwerbung setzt man daher nicht nur großzügige Spenden des Wirtschaftsbundes ein, um die Zahl der sympathisierenden Wähler zu erhöhen, man nimmt es auch mit den Regeln zur Ausstellung von Wahlkarten nicht so genau. Mitglieder der ÖVP und nahestehende Personen beantragen nicht nur für sich, sondern auch für Verwandte, Bekannte oder Nachbarn Wahlunterlagen per Mail oder telefonisch. Alles soll möglichst niederschwellig ablaufen: Antrag, Abholung und Lieferung übernimmt die Partei. Dafür reicht sie die Listen mit Wahlkartenwünschen an die Stadtverwaltungen weiter. In Bludenz bestellt beispielsweise ein Herr F. bei der ÖVP per Mail die Wahlunterlagen für eine Frau P. – ohne dass klar ist, in welcher Beziehung die beiden zueinander stehen und ob die Frau das überhaupt möchte. Herr F. ist aber nicht der Einzige, der das Angebot nutzt, auch eine Mitarbeiterin des Bludenzer Anzeigers ordert beim Bezirksparteisekretär und Wahlkampfmanager der ÖVP Wahlkarten für fünf Personen mit unterschiedlichen Nachnamen an ein und dieselbe Adresse.

Für manche dieser Wahlkartenanträge werden Vollmachten der WählerInnen geliefert, für andere nicht. Ein Wahlkampfhelfer des amtierenden Bürgermeisters Josef Katzenmayer (ÖVP) arbeitet im

Rathaus. Er schickt mit seiner städtischen E-Mail-Adresse Listen mit Wählernamen an die für Wahlkarten zuständige Kollegin im Amt der Stadt. Sie stellt die Wahlkarten aus, die anschließend abgeholt und verteilt werden. Einmal versichert ihr der Wahlhelfer, die »Vollmacht wird mitgebracht«, dann wieder schickt er Listen mit zwölf oder gar 15 Wählernamen, ohne diesen Zusatz. Bei ihrer späteren Einvernahme durch das Landeskriminalamt wird die Mitarbeiterin angeben, sie habe dem Kollegen vertraut und daher keine Vollmachten eingefordert. Bürgermeister Katzenmayer wird später erklären, es sei ausgemacht gewesen, dass Vollmachten notwendig seien. Er wisse nicht, wieso der Wahlhelfer sich nicht daran gehalten habe. Allerdings überbringt Katzenmayer auch selbst Wahlkarten an eine Bekannte, ohne dass Vollmachten vorliegen. Die Frau arbeitet beim »betreuten Wohnen«. Man habe die Vollmachten nachträglich gemeinsam ausgefüllt, so der Bürgermeister. Er habe auch das Datum auf den noch nicht unterschriebenen Zettel selbst eingetragen, gibt er zu. Der Bürgermeister vermutet auch, dass es sich dabei nicht um das tatsächliche Unterschriftsdatum gehandelt habe.

Der öffentliche Aufruhr um das Wahlkartenverteilsystem beginnt aber erst, als eine Wählerin im Bürgerservice der Stadt Bludenz ihre Wahlkarte abholen will und dort erfährt, dass diese ohne ihr Wissen von der ÖVP mitgenommen wurde. Eine Verwandte soll sie bestellt haben. Die Wahlkarte wird schließlich auch wieder ausfindig gemacht, doch die Betroffene ist bestürzt und will sie nicht mehr annehmen. Im Wahlbüro kommt es zu einer »Unruhe«, wie es im Akt später heißt. Durch die Anzeige der Wählerin wird die illegale Aktion der Volkspartei schließlich öffentlich.

Bekannt wird auch, dass jener ÖVP-Walkampfhelfer, der im Rathaus arbeitet, von seiner Frau, die bei der Caritas tätig ist, Listen mit den Namen von betreuten Personen erhalten hatte und sich deren Wahlkarten ausstellen ließ. Auch für 41 Pflegeheimbewohner werden in Absprache mit der Heimleitung Wahlkarten bestellt. Gegen einen anderen Wahlhelfer der Volkspartei erhebt ein Behinderter schwere Vorwürfe. Dieser habe ihm seine Wahlkarte vorgelegt und ihn dann aufgefordert, sein Kreuz bei Katzenmayer zu machen. Er habe erwidert, dass er lieber dessen Gegenkandidaten Mario Leiter von der SPÖ wählen würde. »Kreuzelst den Katzenmayer an«, habe der Wahlhelfer daraufhin erwidert. Er habe ein weiteres Mal widersprochen, gab der Mann beim Landeskriminalamt an, sei dann aber nach erneuter Aufforderung eingeknickt. Der Wahlhelfer bestreitet bei seiner Einvernahme die Vorwürfe. Er sei zwar in der Wohnung des Mannes gewesen, aber nur auf dessen Wunsch.

Die Vorgehensweise bei der Beantragung der Wahlkarten ist so rechtswidrig, wie sie nur sein kann. Das Gemeindewahlgesetz schreibt die persönliche Beantragung von Wahlkarten vor – Anträge von Dritten, ob mit oder ohne Vollmacht, sind nicht möglich. Außerdem legt der Verfassungsgerichtshof beim Wahlrecht besonders strenge Auslegungsmaßstäbe an. Anstatt den Fehler einzuräumen und Besserung zu versprechen, schaltet die ÖVP nach Bekanntwerden der Affäre aber auf stur. Als die Bürgermeisterstichwahl in Bludenz mit nur 27 Stimmen Unterschied vom ÖVP-Kandidaten Katzenmayer gewonnen und anschließend von der SPÖ angefochten wird, bringt die Volkspartei seltsame Argumente und Vergleiche vor, warum ihre Wahlkartenaktion legal gewesen sein soll. Sie verwechselt in ihrer Stellungnahme an den Verfassungsgerichtshof unter anderem das liberale Grundprinzip der Bundesverfassung, das die Freiheit des Einzelnen schützt, mit dem Legalitätsprinzip, das den Staat an die Gesetze bindet. Gleichzeitig rückt sie die Bludenzer SPÖ in die Nähe der nordkoreanischen Diktatur: »Die Anfechtungswerberin versucht auch darzulegen, dass im Zusammenhang mit der Wahlkartenausgabe alles verboten sei, was nicht ausdrücklich vorgesehen sei. Diese Ansicht mag einem ›nordkoreanischen‹ Rechts- bzw. Staatsverständnis entsprechen. Ein westlich-demokratischer Staat folgt eher der umgekehrten Regel, wonach grundsätzlich erlaubt ist, was nicht explizit verboten ist.« Der Verfassungsgerichtshof hebt die Bürgermeisterstichwahlen in Hohenems und Bludenz auf. Voraussetzung für die Ausstellung einer Wahlkarte sei »die persönliche Beantragung der Wahlkarte durch den Wahlberechtigten«. In Bludenz seien »in zumindest 89 Fällen Anträge auf Ausstellung einer Wahlkarte von Dritten gestellt« worden. Dadurch hätte bei möglichen Manipulationen das Wahlergebnis anders ausfallen können, so die Begründung.

Parallel dazu laufen die strafrechtlichen Ermittlungen. Im Herbst 2015 erreicht mich die Geschichte in Wien, wo ich für das Online-Medium NZZ.at arbeite. Der Zwischenbericht des Landeskriminalamtes landet aber nicht nur auf meinem Schreibtisch, sondern offenbar auch bei der ÖVP. Sie zitiert aus ihm in ihrem Antrag an den Verfassungsgerichtshof. Ein Blick in die Unterlagen, die im Auftrag der Staatsanwaltschaft angelegt wurden, macht deutlich, dass die Ermittler den damaligen Bürgermeister von Bludenz entweder zu gut oder gar nicht kennen: Im gesamten Akt wird Katzenmayer, der eigentlich Josef heißt, durchgehend mit seinem Spitznamen Mandi genannt. Die Vorarlberger Medien haben bis dahin vor allem über die Wahlanfechtung berichtet, die Hintergrunddetails im Ermittlungsakt lassen mir in Wien die Haare zu Berge stehen. Ein schriftlicher Wahlkartenantrag müsse nur »den Namen, die Zustelladresse, den Grund für die Anforderung der Wahlkarte, oft auch das Geburtsdatum« enthalten, behauptet etwa die für Wahlkarten zuständige Rathausmitarbeiterin in ihrer Einvernahme. Das Gemeindewahlgesetz schreibt jedoch vor, dass die Identität etwa mit einer Ausweisnummer nachgewiesen werden muss, wenn der Antragsteller nicht amtsbekannt ist. Auch sind Anträge ausschließlich persönlich möglich – nur die Abholung ist durch Dritte mit Vollmacht erlaubt. Die Mitarbeiterin verteidigt sich damit, dass sie in ihre Aufgabe als »Wahlboss« im Bludenzer Rathaus gar nicht eingearbeitet worden sei. Dennoch lässt sie im Bludenzer Krankenhaus einen Aushang mit der Aufforderung anbringen, Wahlkarten bei ihr zu beantragen. Warum sie solche Hinweise nicht auch bei anderen großen Betrieben, in denen viele, traditionell SPÖ-nahe Arbeiter tätig sind, hat anbringen lassen, kann sie sich bei ihrer Befragung nicht mehr erklären: »Darüber habe ich noch nie nachgedacht.« In Absprache mit dem Bürgermeister schloss sie jedoch SPÖ-nahe Beamte von den Wahlvorbereitungen im Rathaus aus, ÖVP-nahe Kollegen dürfen weiterhin mithelfen. Diesen habe sie vertraut, sagt sie.

Zum Zeitpunkt der Einvernahme läuft bereits ein anderer Wahlkampf, nämliche jener für das Amt des Bundespräsidenten und die weiteren Aussagen der Bludenzer Rathausmitarbeiterin haben eine Sprengkraft, die auch diese Wahl betreffen. Bei der Staatsanwaltschaft erklärt die Frau nämlich, warum sie bei der Ausstellung von Wahlkarten keine Ausweisnummern zur Identifikation verlangt habe: Auch auf wahlkartenantrag.at, jener Webseite, über die die meisten österreichischen Gemeinden ihre Wahlkartenanträge abwickeln, werde die Passnummer nicht wirklich geprüft. Dort reiche es, wenn man Name, Geburtsdatum, Gemeinde und »P1234567« eingebe, um in das Antragsformular zu gelangen.

Ich halte die Aussage zunächst für eine Schutzbehauptung, rufe aber beim Amt der Vorarlberger Landesregierung an. Dort bestätigt man mir die Richtigkeit der Aussage: Eine automatisierte Prüfung gebe es nicht. Die Gemeinden hätten nicht die Kapazitäten, um alle Passnummern zu prüfen, heißt es. Ich bin fassungslos. Das Sicherheitsloch auf der Webseite hat weitreichende Folgen: Zum einen kann jeder, der über die genannten Daten einer Person verfügt, deren Wahlkarte nach Sibirien oder Australien schicken, um ihr so das Wahlrecht zu nehmen. Zum anderen sind im Wählerregister die im Melderegister aus Sicherheitsgründen gesperrten Daten einsehbar. So lassen sich etwa die privaten Wohnadressen von Spitzenpolitikern oder des Chefs des Verfassungsschutzes ausfindig machen. Nachdem ich die Geschichte veröffentlich habe, steigen Kollegen der Salzburger Nachrichten in die Wahlkartenanträge diverser Promis ein. Die Webseite muss danach, in den letzten Tagen vor der Wahl, offline genommen werden. Innenminister Wolfgang Sobotka ist außer sich und kündigt Ermittlungen gegen die verantwortlichen Journalisten an – es werden nie welche eingeleitet. Daniel Kosak, damals Sprecher beim Gemeindebund, heute beim Bundeskanzler, droht mir mit einer Klage seiner Organisation, sollte ich weiter behaupten, dass die Gemeinden Auftraggeber von wahlkartenantrag.at sind. Auftraggeber der Datenverarbeitung seien vielmehr die Gemeindedaten GmbHs. Nach dem damaligen Datenschutzrecht bleiben aber trotzdem die Gemeinden Auftraggeber – auch die angedrohte Klage wird nie eingebracht. Mittlerweile hat sich der Standpunkt der Gemeinden übrigens umgedreht: Da sie der Webseite nun die Passdaten ihrer Wähler zur automatischen Überprüfung zur Verfügung stellen, ist wahlkartenantrag.at für sie jetzt doch ein »Verwaltungshelfer«, der in ihrem Auftrag handelt. Daher brauchten sie, so heißt es, auch keine eigene Ermächtigung für die Weitergabe der Daten.

Im Bund gewinnt Alexander Van der Bellen nach einer Wahlwiederholung, einer Wahlverschiebung und trotz des Datenproblems, in Hohenems verliert die ÖVP den Bürgermeister-Sessel an Dieter Egger von der FPÖ. In Bludenz bringt der SPÖ die von ihr erreichte Wahlwiederholung jedoch kein Glück. Ihr Spitzenkandidat Mario Leiter unterliegt gegen den Amtsinhaber deutlicher als im aufgehobenen Wahlgang. Der wiedergewählte Bürgermeister Katzenmayer erklärt anschließend, man werde nun die strafrechtlichen Ermittlungen in der Wahlkartenaffäre »in den Keller kehren«. Tatsächlich stellt die Staatsanwaltschaft Feldkirch das Verfahren gegen ihn in weiterer Folge ein. Der Bürgermeister soll die Rechtswidrigkeit der Wahlkartenverteilung nicht erkannt haben – der Tatbestand des Amtsmissbrauches verlangt ein wissentliches Fehlverhalten.

Vier Personen, darunter die für Wahlkarten zuständige Rathausmitarbeiterin, werden zwar angeklagt, aber 2017 allesamt freigesprochen. Die Richterin bezeichnete das Wahlkartenservice der ÖVP in der Urteilsbegründung als »sehr dreist«, erklärt den Freispruch aber mit dem mangelnden Vorsatz der Angeklagten. Unter den Freigesprochenen ist auch der Bludenzer Wahlkampf-manager der Volkspartei, ihm wird dafür die politische Verantwor-tung zugeschoben. In der ÖVP gibt es ansonsten keine weiteren Konsequenzen. Landeshauptmann Markus Wallner beklagt die Vorverurteilung der Bürgermeister. Wer die Idee für das schwarze Wahlkartenkarussell hatte, ist bis heute nicht bekannt. Dass es der damals noch sehr junge Wahlkampfmanager gewesen sein könnte, scheint unwahrscheinlich. Letztlich dürfte er auch ein Sündenbock gewesen sein. Dass die Abholaktion für fremde Wahlkarten in den damals politisch besonders umkämpften Städten Hohenems und Bludenz eingesetzt wurde, deutet auf eine zentrale Koordinierung der Aktion hin. Doch auch durch einen wutentbrannten Anruf aus der ÖVP-Zentrale wegen meiner Berichterstattung konnte diese Frage nicht geklärt werden.

Alternativer Logoentwurf von simon INOU & Mara Niang
»No Mohr« hat eine Trippel Bedeutung:
1. nicht mehr (Englisch)
2. nicht Mohr (Deutsch)
3. »No Mohr« als Mitteilung an die M* Brauerei

Duygu Özkan

Rassistisch sind immer die anderen

Über den notwendigen Rassismus-Diskurs im Ländle

Offen vom Rheintal bis ins Montafon. Kleingeistigkeit passt nicht zur Selbst- und Fremdwahrnehmung des Bundeslandes, das nicht in (nationalen) Grenzen denkt, das mit den deutschen und schweizerischen Einflüssen spielt, doch selbstbewusst genug ist, in seiner eigenständigen Mentalität aufzugehen. Zu dieser Mentalität gehören viele Attribute, unbedingt jedoch die Aufgeschlossenheit. »Die weltoffene Provinz« titelte vor Jahren die »Süddeutsche Zeitung« einen Beitrag über die Architektur in Vorarlberg, von allen politischen Parteien gelten die Ableger im Ländle als die liberale Version der Bundeszentrale. Selbst die katholische Kirche scheint bisweilen von Rom weit weg zu sein, vor einigen Pfarren hängen während der »Pride Month« im Juni selbstbewusst die Regenbogenfahnen. Die Industrie Vorarlbergs kann mit einer Reihe von Weltmarktführern aufwarten, sie ist Teil der großen, internationalen Bühne des Handels. Monarchische Opulenz sucht man indessen vergeblich in Vorarlberg, hier gilt Bodenständigkeit als anständig, die Region zwischen Bregenz und Bludenz ist gewissermaßen das protestantische Bundesland Österreichs, freilich ohne protestantisch zu sein. Während im Osten der Eiserne Vorhang jeden Tag an die Grenzen der Freiheit erinnerte, blieb der Bodensee im Westen immer das Symbol für die offene Weite. Wie passt Rassismus in diese Idylle?

Ja, es gebe dieses aufgeklärte Bild. Das Bild eines fortschrittlichen und offenen kleinen Landes. Doch es gebe auch die jungen Mädchen, die regelmäßig vor Brigitte Stadelmann stehen und ihre Rassismuserfahrungen schildern würden. Sie sagt: »Die Bereitschaft, die eigenen Strukturen kritisch zu hinterfragen und sich mit Rassismus auseinanderzusetzen ist in Vorarlberg sehr gering.« Die Sozialarbeiterin ist im Bregenzer Verein Amazone tätig, der sich seit mehr als zwei Jahrzehnten feministischer Mädchen- und Jugendarbeit widmet. Sie könne wiederholt beobachten, mit welchen Reaktionen Jugendliche konfrontiert sind, wenn sie erlebten Rassismus thematisierten: »Es wird als eine Empfindlichkeit abgetan«, sagt Stadelmann, »als individuelles Problem heruntergespielt. Sie werden nicht ernst genommen, und sie lernen ganz stark, dass weiße Menschen definieren, wer sich wann betroffen fühlen darf.« Stadelmann erinnert an die Tötung des Afroamerikaners George Floyd im Mai 2020: Die brutale Polizeigewalt, die Floyd erfuhr, nahmen Passanten in Minneapolis mit ihren Handykameras auf, die Videos verbreiteten sich rasant auf etlichen Kanälen. Nicht nur in den USA war die Bestürzung groß. Als Zeichen des Protestes und der Betroffenheit färbten zahllose Menschen ihre Profile in sozialen Medien schwarz, auch in Vorarlberg. Und hier sei ihr die Kluft wieder aufgefallen, sagt Stadelmann. Die Kluft zwischen einer oberflächlichen, nur vorübergehenden Solidarisierung und dem tatsächlichen Handeln, wenn es darauf ankomme. Diese Beobachtung entspreche dem Bild, das Vorarlberg und seine Einwohner selbstgerecht vor sich her tragen würden: Bei uns ist ohnehin alles in Ordnung. Oder wie Stadelmann sagt: »Es sind immer die anderen, die rassistisch sind.«

Fehlender Diskurs

Der fehlende Diskurs, den nicht nur Stadelmann beklagt, lässt sich auch darauf zurückführen, dass es kaum eine empirische Arbeit als Diskussionsgrundlage gibt. Wie viele Menschen in Vorarlberg von Rassismus betroffen waren und sind, wie sich gesellschaftspolitische Entwicklungen in der Zweiten Republik darauf ausgewirkt haben – es ist keine eingehende Forschung vorhanden, allenfalls punktuelle Arbeiten. Das Scheitern – oder frühzeitiges Abwürgen – eines breiten Diskurses ließ sich bereits während der Moschee-Debatte in Bludenz rund um die Jahre 2008/2009 beobachten. Als der örtliche ATIB-Verein (Türkisch-islamische Union für kulturelle und soziale Zusammenarbeit in Österreich) einen Neubau der Gebetsstätte andachte, verfing sich die Debatte am geplanten Minarett. Der Turm diente als Projektionsfläche für verkehrspolitische Bedenken, für Integrationsfragen, aber auch für unverhohlenen Rassismus und antimuslimische Rhetorik. Der öffentliche Diskurs wurde mit einer Änderung des Raumplanungsgesetzes beendet, seither wird für größere Veranstaltungsstätten eine Sonderwidmung benötigt. Rückblickend lässt sich einmal mehr feststellen, dass parteipolitische Motive ein breite Diskussion verhindert haben.

Transparenter Prozess in Lustenau

Eine ähnliche Debatte findet derzeit in Lustenau statt, wo ebenfalls der ATIB-Verein seine alte Moschee neu errichten möchte. Bürgermeister Kurt Fischer berichtet von einem transparenten Prozess seitens ATIB, von einem Tag der offenen Tür, von einer eigens eingerichteten Webseite, von Visualisierungen und der Teilnahme an Diskussionsrunden. Doch an dem von ATIB angestoßenen Prozess hätten sich vergleichsweise wenige Anrainer beteiligt, zeitgleich hätten lokale Medien den Neubau stets mit dem zumindest von den Architekten geplanten Turm bzw. Minarett visualisiert und dadurch auch ein einseitiges Bild an die Öffentlichkeit getragen – was wiederum Auswirkungen auf den weiteren Verlauf des Diskurses hatte. Insbesondere durch die Freitagsgebete und dem dadurch erhöhten Verkehrsaufkommen war das Zusammenleben zwischen den Anrainern und den Moscheebesuchern ohnehin nicht friktionsfrei, sagt Fischer. Er sagt aber auch: »Mit den Nachbarn sind wir in einem offenen Dialog.« Derzeit befindet sich der geplante Moscheebau in der Widmungsphase. Bislang hat das Lustenauer Projekt auch nicht für derart viel Zündstoff gesorgt wie einst die Bludenzer Moschee – auch wenn sich Argumentationen, Bedenken und Abwehrhaltungen wiederholen. Fischer erinnert an einen »Stammtisch« der »Vorarlberger Nachrichten« zum Lustenauer Projekt, bei dem »kein repräsentativer Ausschnitt aus der Zivilgesellschaft« teilnahm, und wo ausgewiesene Scharfmacher eine Bühne bekommen hätten. In Lustenau selbst mäandert die Diskussion zwischen dem altbekannten Moschee-Minarett-Muster und der Verkehrspolitik, die in der stark belasteten Marktgemeinde eine große Bedeutung hat. Fischer falle auf, dass bei der verkehrspolitischen Diskussion bisweilen mit zweierlei Maß gemessen werde. Freilich, zu Zeiten der Freitagsgebete erhöhe sich das Verkehrsaufkommen, doch handle es sich um einen Tag in der Woche. »Wenn es sich um ein Fast-Food-Restaurant handeln würde«, sagt Fischer, »würden wir die Diskussion bestimmt nicht so führen.« In diesen Zwischentönen orte er auch die Ressentiments, die diese Debatte begleiten.

Logo-Debatte Mohrenbräu

Eine weitere Debatte über Rassismus, die lange Zeit im Keim erstickt wurde, betrifft das Logo der Brauerei Mohrenbräu. Bereits seit geraumer Zeit fordert eine Gruppe von Afroösterreichern und Aktivisten die Änderung des Logos, mindestens jedoch einen Diskurs über rassistische Stereotype. Das Logo der Brauerei zeigte den Kopf eines schwarzen Mannes mit schwulstigen Lippen und krausen Haaren. Die Zentrale in Dornbirn hat diese Kritik stets abgewiesen, mit Verweis auf die Geschichte des Hauses; der Brauereigründer hieß schließlich Mohr, darüber hinaus sei das Logo auf den heiligen Mauritius zurückzuführen, dem erklärten Schutzpatron der Gründerfamilie. Die langjährige Debatte lässt sich vielleicht mit der Aussage des Vertriebsleiters zusammenfassen, der einst der »Wiener Zeitung« sagte: »Hier würde kein Mensch auf die Idee kommen, dass Mohrenbräu rassistisch ist.« Doch hat sich dieses »Hier« in den vergangenen Jahren merklich verändert. Zunächst wurde bis zu diesem Zeitpunkt die Debatte rund um das Logo hauptsächlich von Wien aus angestoßen. Auf dieses Hereintragen von »außerhalb«, gar die »Einmischung«, reagierten viele VorarlbergerInnen mit starker Ablehnung. Gleichwohl hat sich die »Black Lives Matter«-Bewegung (BLM) spätestens nach der Tötung von George Floyd auch in Vorarlberg etabliert. Dieser direkt vor Ort angestoßenen Diskussion, und auch angesichts der globalen BLM-Bewegung, musste sich die Brauerei schließlich stellen; unter dem Motto »Aus kolonial wird neutral« änderte das Unternehmen das Logo leicht.

BLM-Bewegung

Die junge BLM-Bewegung organisierte nach der Tötung von Floyd unter anderem eine Demonstration gegen Rassismus in Bregenz. Marco Wagner, Sozialpädagoge und Jugendarbeiter in der Bludenzer Villa K, nahm an der Kundgebung teil – und war positiv überrascht von der Anzahl der TeilnehmerInnen, aber auch von der Macht der Reden, wie er erzählt. »Die jungen Erwachsenen haben sich organisiert. Das hat uns sehr imponiert.« Die Jugendarbeiter vernetzten sich mit den Organisatoren und stellten Diskussionsrunden auf die Beine, um mit anderen Jugendlichen und Interessenten Rassismus und Rassismuserfahrungen zu thematisieren. Die jungen Menschen, so Wagner, erzählten, »dass Menschen nicht nur in Amerika mit Rassismus konfrontiert werden, sondern auch in unserem sauberen Ländle«. Die Zusammenarbeit mit den Aktivisten und der offenen Jugendarbeit mündete in dem Kurzfilm »RassisMUSS nicht sein«. Auf die Vorstellung des Filmes habe es durchaus negative bis offen rassistische Rückmeldungen gegeben, erzählt Wagner, insbesondere in sozialen Medien. Positive Rückmeldungen hingegen kamen von den Schulen und Pädagoginnen und Pädagogen. Viele Lehrpersonen hätten Interesse bekundet, den Film im Unterricht zu zeigen, um die Rassismus-Debatte offensiv anzugehen. »Die Lehrerinnen und Lehrer haben uns bestätigt«, sagt Wagner, »dass Rassismus in den Schulen ein großes Thema ist.«

Eva Grabherr leitet seit zwei Jahrzehnten die Vorarlberger Projektstelle »okay.zusammenleben« für Migrations-, Integrations- und Diversitätsfragen – und zuletzt hat sie die Arbeit der jungen BLM-Bewegung sehr genau verfolgt. Erstmals sei in Vorarlberg eine Bewegung von jungen, schwarzen Menschen entstanden, die eloquent und pointiert von ihren Rassismuserfahrungen berichteten und auch die Debatte rund um das Mohrenbräu-Logo nicht ausnahmen. Grabherr unterscheidet zwischen dieser Gruppe junger Aktivisten, die oft aus Verbindungen zwischen weißen und schwarzen Menschen entstammt, und jener Gruppe von Migranten, die seit mehreren Generationen in Vorarlberg leben und eher unter struktureller Diskriminierung leiden würden – beispielsweise die muslimischen Einwohner. Gerade sie müssten nach drei Generationen in vielen Stufen des öffentlichen Lebens sichtbar sein, in der Bildung, im beruflichen Leben, und sehr oft ist das auch tatsächlich der Fall. Doch Grabherrs Erfahrungen nach tragen die betroffenen Menschen noch immer die Sorge, nie vollständig anerkannt zu werden. Eine Sorge, die auch Bosniaken sowie weitere Migrantengruppen aus dem ehemaligen Jugoslawien mal stärker, mal weniger stark artikulieren würden.

Während die BLM-Bewegung sehr offen und offensiv mit dem Thema Rassismus umging, lässt sich dieses Engagement bei den muslimischen Einwohnern Vorarlbergs nicht in diesem Ausmaß beobachten. Junge Muslime gehen noch nicht in die Medien, sie bilden noch keine öffentlichkeitswirksamen Plattformen. Die Arbeit der Muslime in Sachen Antirassismus, so Grabherr, passiere eher in der zweiten und dritten Reihe. Und da die Türkeistämmigen die größte Gruppe dieser Glaubensgemeinschaft in Vorarlberg bilden, lässt sich diese Zurückhaltung bisweilen auch mit der Türkei selbst erklären. Die über Generationen enge, jedoch zumindest nie abgebrochene, Bindung zum Herkunftsland der Familie beherrscht integrationspolitische Debatten hierzulande bereits seit Langem. Doch unter der Regierung sowie Präsidentschaft von Recep Tayyip Erdoğan hat sich die Beziehung zwischen der Türkei und der Diaspora insofern intensiviert, als dass Ankara amtliche Strukturen geschaffen hat, um die im Ausland lebenden Türken an das Herkunftsland zu binden. Diese Strukturen mögen in erster Linie die Staatsbürger betreffen, wirken sich jedoch auf die gesamte Diaspora aus, da Erdoğans Politik die ohnehin komplexe Identitätsdebatte in europäischen Ländern zuspitzt. Bist du für oder gegen Erdoğan? Distanzierst du dich von ihm, wenn nein, warum nicht? Doch mit den demokratiefeindlichen Tendenzen in der Türkei stellt sich auch in Europa immer dringender die Frage, welchen ideologischen Einfluss Ankara auf die türkeistämmige Gemeinschaft hat. ATIB beispielsweise ist der türkischen Religionsbehörde Diyanet unterstellt, bei Debatten rund um Moscheeneubauten wird auf diese Verbindung stets hingewiesen, auch, um die Legitimität des Vereines in Frage zu stellen. ATIB hat sich indessen keinem selbstkritischen Prozess gestellt, um die eigene Vereinsgeschichte aufzuarbeiten und somit die Weichen für eine künftige Vereinsstruktur zu stellen – das gilt in gleichem Maße auch für andere türkeistämmige Gruppen. Bekanntlich ist die Vereinsstruktur sehr gemischt, von liberal, religiös bis nationalistisch und rechtsextrem sind viele Richtungen vertreten. Die Ausgangslage ist also multidimensional, zu den vielschichtigen Beziehungsebenen zum Herkunftsland der Familie und zum Einfluss der politischen Parteien auf die Vereine im Ausland kommt der Minderheitenstatus in Österreich dazu, so auch ideologische, ethnische und religiöse Konflikte innerhalb der Communities. Diese Ausgangslage vor Augen führend muss die Frage nach rassistischen Tendenzen in den verschiedenen Gruppen sehr wohl gestellt werden. So fällt die als »Idealisten« bekannte rechtsextreme Bewegung in der Türkei und ihre parteipolitischen Ableger im In- und Ausland – oft vereinfacht als Graue Wölfe bezeichnet – immer wieder mit rassistischen bis rechtsextremen Aussagen und Aktionen auf, auch in Österreich. Sehr oft ist nicht zu erkennen, ob und wie intensiv, ernsthaft und selbstkritisch die einzelnen Vereine sich diesen problematischen Tendenzen stellen.

Alltagsrassismus kommt von allen Seiten. Er ist unverhohlen oder subtil. Jugendliche berichten, dass rassistische Aussagen von Lehrern oder Mitschülern oft als Witze getarnt werden, und dass sie nicht wissen würden, wie sie auf derartige »Späße« reagieren sollen. Die Erfahrungen würden bereits in der Schule beginnen, sagt Jugendarbeiter Marco Wagner dazu, »wenn sie zum Beispiel die einzigen sind, die auf Feste nicht eingeladen werden«. Jugendliche berichten von xenophoben Bemerkungen auf der Straße, in öffentlichen Verkehrsmitteln. Berichten, dass sie bei Polizeikontrollen immer diejenigen sind, die herausgefischt würden. Dass sie abends in die Clubs nicht hineinkommen. Kopftuchtragende Mädchen und Frauen berichten von übergriffigen Kommentaren und selbst Handlungen, davon, dass ihnen aufgrund ihres Kopftuches die Selbstbestimmung abgesprochen werde, dass sie automatisch als extremistisch und jihadistisch gelten würden. Neben explizit rassistischen Erfahrungen gibt es noch eine weitere Ebene, die schwer greifbar ist und die Diskussion um Rassismus erschwert. Die latente Ablehnung, die subtile Zurückweisung.

»Die Behörden«, sagt Klaus Feurstein, »würden sich hüten, rassistische und diskriminierende Handlungen zu setzen.« Die rechtlichen Vorgaben sind ganz klar, Diskriminierung ist nicht zu tolerieren. Soweit die Ausgangslage. Doch Landesvolksanwalt Feurstein weiß auch, dass es eine zweite Ebene gibt, die er indirekte Diskriminierung nennt. Dass beispielsweise einer türkeistämmigen Pädagogin keine Förderungen zugesprochen werden, obwohl sie alle Kriterien erfülle. Selbst wenn Feurstein und sein Team Diskriminierung aufgrund der Herkunft ausmachen, »ist es schwierig, das nachzuweisen«, sagt er. Seit 2005 gibt es die Antidiskriminierungsstelle der Landesvolksanwaltschaft bzw. Patientenanwaltschaft, mit der Errichtung wurde eine diesbezügliche EU-Richtlinie umgesetzt. Die Kompetenzen der Stelle beschränken sich auf die Verwaltung, weswegen Feurstein immer wieder an die Grenzen stoße, Fälle mangels Zuständigkeit entweder nicht bearbeiten könne oder sie an die Gleichbehandlungsanwaltschaft weiterleite, die jedoch in Innsbruck sitzt. Feurstein zufolge gebe es zwar Einrichtungen, an die sich Betroffene wenden können, doch macht er hier zwei Problemfelder aus. Zum einen sind die Kompetenzen der Einrichtungen zerfranst – Bund, Land – und es fehle die Vernetzung untereinander – hier hat der Landesvolksanwalt jüngst gemeinsam mit der Gleichbehandlungsanwältin für Salzburg, Tirol und Vorarlberg eine Initiative gestartet, um eine Kommunikation zwischen den Stellen zu etablieren. Zum anderen seien die Anlaufstellen wenig bekannt, er nimmt die Antidiskriminierungsstelle nicht aus. Ein Umstand, den er zu ändern versuche. In der Tat haben einzelne Institutionen wie etwa die Fachhochschule Vorarlberg oder die Pädagogische Hochschule Anlaufstellen für Diskriminierung, doch Außenstehende müssten sich an Institutionen außerhalb des Bundeslandes wenden. Oft ist die Hemmschwelle für diesen Schritt zu groß.

Ein gewisser Pragmatismus

Einen gewissen Pragmatismus kann Vorarlberg niemand absprechen. Vorarlberg ist ein konservatives Land, aber in seinem Konservatismus pragmatisch und wenig dogmatisch (diese Beobachtung mag im Übrigen auch für große Teile der migrantischen Bevölkerung gelten). Das betrifft auch die Integrationspolitik, das Zusammenleben, den sozialen Frieden. Vorarlberg hat vergleichsweise früh eine Integrationsstelle eingerichtet, hat erkannt, dass Chancengerechtigkeit auch Einsatz und Arbeit bedeutet, dass das Land besser dran ist, wenn es das gesamtgesellschaftliche Potenzial ausschöpft. Auch wenn der Pragmatismus zu einem komfortablen Modus Vivendi führt – die Frage der gesamtgesellschaftlichen Anerkennung von Migranten sei jedoch eine andere, sagt Eva Grabherr. Oft zögere die Politik, viele notwendige Debatten fallen, und das ist nicht nur ein vorarlbergerisches Thema, der Parteipolitik zum Opfer. Und die große Frage, wie wir als Gesellschaft diesen Veränderungen nicht nur gegenüberstehen, sondern sie auch aktiv angehen, bleibt einstweilen unbeantwortet.

Eine gewisse Weltoffenheit kann Vorarlberg ebenfalls niemand absprechen. Dieses Attribut heftet sich das Land auch an die Fahnen, zum innovativen Exportmeister passt keine kleingeistige Haltung. Doch diese Offenheit orten Experten wie Grabherr mehr auf der wirtschaftlichen, und weniger auf der gesellschaftspolitischen Ebene. »Vorarlberg brüstet sich nicht damit, besonders anerkennend gegenüber gesellschaftlicher Diversität zu sein«, sagt sie. Die Liberalität, die sich Vorarlberg also selbst zuschreibt, und die dem Bundesland gerne auch von außen zugesprochen wird, ist fragmentiert, und sollte auf gesellschaftspolitischer Ebene kritisch hinterfragt werden.

Wirtschaftsbund Rattenschwanz!

Lara Hagen

Die Wirtschaftsbund-Affäre
Von einer Elite, die es sich richtet

An turbulenten Tagen hat es dem Vorarlberger Landeshauptmann Markus Wallner in den letzten drei Jahren seiner Amtszeit wahrlich nicht gemangelt. Da war zunächst die Pandemie, die es zu managen galt. Als das Thema endlich in den Hintergrund zu rücken schien, wartete auf Wallner mit der Affäre um den Wirtschaftsbund – einer Teilorganisation »seiner« ÖVP – aber bereits die nächste Krise. Bitter für Wallner: Anders als die Pandemie war diese hausgemacht. Und zweitens wäre sie, retrospektiv gesehen, sicher besser und umsichtiger zu managen gewesen.

Es geht längst nicht mehr nur um zu wenig bzw. nicht bezahlte Steuern. Schnell wurde klar, dass just in jenem Verein, der die Unternehmerschaft im Ländle abbilden will, nicht nur eine schlampige Buchhaltung vorherrschte, sondern auch eine Selbstbedienungsmentalität an den Tag gelegt wurde, die sich die vertretene Klientel wohl nicht so einfach leisten könnte. Auf einer anderen Ebene brachte die Steuerprüfung auch das Thema der versteckten Parteienfinanzierung aufs breite Tapet. Dass die ÖVP nur wenige Tage vor Publikwerden der Prüfung samt Selbstanzeige des Wirtschaftsbunds eine große Reform mit den Grünen verkündete, dürfte wohl kein Zufall gewesen sein. Immerhin wussten deren Vertreter seit Dezember, dass der Wirtschaftsbund im Visier der Finanzbeamten steht. Und last but not least führten die Enthüllungen auch dazu, dass Wallner persönlich Korruptionsvorwürfe gemacht wurden, die wiederum zu Ermittlungen der Wirtschafts- und Korruptionsstaatsanwaltschaft führten. Das Image des österreichweit als Saubermann geltenden und sogar zeitweise als Kanzlerreserve gehandelten Landeshauptmanns hatte schweren Schaden genommen und wie sehr ihn das belastete, merkte man Wallner auch an: Der sonst so ruhig auftretende Politiker wirkte in seinen Reden im Landtag genervt und aufgebracht, streckenweise fast aggressiv.

Anfang Herbst ist die seit Beginn des Jahres im Wirtschaftsbund laufende Steuerprüfung, die Steuerdefizite in Millionenhöhe in Aussicht stellt, noch immer nicht abgeschlossen. Wallner ist zwar aus seinem mehrwöchigen Krankenstand zurück – den er auch wegen der Belastung rund um die Wirtschaftsbund-Affäre angetreten hat – dennoch befindet sich die ÖVP in Schockstarre und in einem nie dagewesenen Umfragetief. Da hilft auch nicht, dass Wallner im Frühling noch einen Misstrauensantrag überstanden hatte. Das Vertrauen zu den Grünen, dem Regierungspartner, ist schwer angeschlagen – auch, weil deren Landesrat, Daniel Zadra, Ermittlern Bescheid gab, dass Wallner seine IT-Geräte zurückgesetzt hatte.

Selbstbedienungsladen Ja oder Nein

Weil die Betriebsprüfung nicht abgeschlossen ist, lässt sich bezüglich der Beträge, um die es geht, kein abschließendes Fazit ziehen. In der vom Wirtschaftsbund nach Aufkommen der Affäre eingeleiteten Wirtschaftsprüfung war jedenfalls die Rede von »generösem Umgang mit Geld« in der ÖVP-Teilorganisation. Demnach erhielt der ehemalige Direktor des Wirtschaftsbunds, Jürgen Kessler, zwischen 2016 und 2021 unter anderem ein Bruttogehalt von 780.000 Euro. An die 3L consult, deren Alleingesellschafter Jürgen Kessler ist, wurden zwischen 2018 und 2021 646.000 Euro für die Vermittlung von Inseratenerlösen bezahlt. Außerdem gab es ab 2021 auch eine Rentenversicherung (1.000 Euro monatlich) bzw. einen

Firmen-Pkw und ein zinsfreies 250.000 Euro-Darlehen, das Kessler nach seinem Rücktritt als Direktor im Juli zurückbezahlte.

Schnell wurde klar, dass Jürgen Kessler im Zentrum der Affäre steht. Tatsächlich war mit seinem Antritt eine regelrechte Explosion der Einnahmen durch Inserate für das Wirtschaftsbund-Mitgliedermagazin zu erkennen. Bis 2017 hatte der Wirtschaftsbund jährlich rund 300.000 Euro über Inserate eingenommen. 2019 waren es dann 1,2 Millionen Euro. Es steht aber auch außer Frage, dass Kessler, der vor seinem Einstieg beim Wirtschaftsbund Büroleiter von Alt-Landeshauptmann-kollegen Herbert Sausgruber war, von vielen Parteikolleginnen und -kollegen als jemand gesehen wurde, dem man eher nicht so richtig über den Weg trauen könne. Genauer hingesehen oder unternommen hat allerdings offensichtlich dennoch niemand etwas. Im Gegenteil – seinen einstigen Jobwechsel vom Landhaus zu den Vorarlberger Illwerken wurde sogar von den SteuerzahlerInnen subventioniert, da das ehemals höhere Gehalt als Sausgruber-Büroleiter bei den Illwerken vom Land kompensiert wurde. Das war 2011. Aber auch in den Jahren darauf sollte Kessler für seine Vorhaben immer wieder grünes Licht bekommen – so auch für den Aufstieg zum Direktor des Wirtschaftsbunds. Dass es bereits während der Amtszeit seines Vorgängers zu Unregelmäßigkeiten gekommen war, dass auch dieser eine Selbstbedienungsmentalität an den Tag gelegt haben dürfte, das ging in der Beurteilung vieler in der ÖVP unter. Da blieb die Katastrophe letzten Endes an Kessler hängen.

Geht es nach dem interimistischen Obmann des Wirtschaftsbunds, Karlheinz Rüdisser, dann gibt es aber auch gar keinen »Selbstbedienungsladen Wirtschaftsbund«. Kessler sei sehr erfolgreich für den Wirtschaftsbund tätig gewesen und habe dafür eine Art Erfolgsbeteiligung erhalten, meinte Rüdisser bei der Präsentation der selbst auferlegten Wirtschaftsprüfung im Sommer. Sowohl der Wirtschaftsbund als auch Kessler hätten von den guten Leistungen profitiert. Rein wirtschaftlich sei eben alles sehr gut gelaufen, und es habe den Satzungen, die allerdings aus dem Jahr 1947 stammen, entsprochen. Aber man sei eben kein Privatunternehmen, weshalb sich Rüdisser abschließend noch einmal für eine Neuformulierung der Satzung und strengere Compliance-Regeln aussprach.

Das Magazin, das Millionen brachte

An Inseratenerlösen für die inzwischen eingestellte Mitglieder-Zeitung »Vorarlberger Wirtschaft« wurden laut der Prüfung etwa 4,308 Millionen Euro eingenommen. Das Heft steht im Mittelpunkt der Affäre. Mit einer Auflage von 20.000 Stück bestand es teilweise bis zu 70 Prozent aus Anzeigen. Inserenten waren dabei auch Landesunternehmen, die Landesregierung und die Wirtschaftskammer, was bereits im Herbst 2021 für breite Kritik sorgte. Wallner reagierte schließlich im Mai und kündigte an, dass Landesunternehmen künftig nicht mehr in parteinahen Medien beziehungsweise Parteimedien inserieren dürften. Zuvor hatte er einen solchen Eingriff in das operative Geschäft von Landesunternehmen stets vehement abgelehnt.

Für die Einnahmen aus Inseraten dürfte nie Umsatz- oder Körperschaftssteuer gezahlt worden sein, wie aus Dokumenten der Steuerprüfung bei der ÖVP-Organisation hervorgeht. Auch die Zuwendungen an die ÖVP sollen nicht korrekt versteuert worden sein. Die Finanzprüfer haben deswegen im Frühsommer schließlich Anzeige bei der Staatsanwaltschaft Feldkirch eingebracht. Demnach könnte der Vorarlberger Wirtschaftsbund rund 1,3 Millionen Euro an Steuern nicht gezahlt haben. Es droht nicht nur eine Nachzahlung in sechsstelliger Höhe, auch Freiheitsstrafen sind möglich, wenn ein Vorsatz nachgewiesen werden kann. Die vom Wirtschaftsbund eingebrachte Selbstanzeige, die bekanntlich strafmildernd wirken kann, erachtet die Finanz jedenfalls als wertlos, weil sie zu spät eingebracht worden sein könnte.

Die Vorarlberger ÖVP musste nach medialem Druck außerdem erstmals die Blackbox öffnen und öffentlich machen, wie hoch die Zuwendungen des Wirtschaftsbunds an die Partei waren und wie diese im Rechenschaftsbericht angeführt wurden: In zwei Zahlungen sollen 900.000 Euro an die Ländle-ÖVP gegangen sein. Die Finanzbeamten rechnen hingegen mit 1,5 Millionen Euro seit 2016, weil es auch direkte Zahlungen an ÖVP-Politiker oder Gemeindeorganisationen gegeben hat.

Eine Elite, die es sich richtet

Abgesehen von steuer- und finanzrechtlichen Fragen bzw. im politischen Kontext vom Thema der (illegalen) Parteienfinanzierung machte die so genannte Wirtschaftsbund-Affäre auch sichtbar, wie eine wirtschaftspolitische Elite nach eigenen Regeln spielte. Vom »subera Ländle« ließen die zahlreichen Aspekte der Causa für Vorarlbergerinnen und Vorarlberger jedenfalls keine Spur. Für viele Betroffene begann mit dem Aufkommen der Affäre ein unfreiwilliger Lernprozess. »Dinge, die vielleicht in der Vergangenheit bei niemandem wirklich als Problem gesehen wurden, sind ein Problem«, sagte Wallner in einem Interview etwa. Und auch Wirtschaftskammerdirektor Christoph Jenny räumte ein, dass man seit Februar hinterfragt habe, was Dinge sind, die zeitgemäß sind. »Und was Dinge sind, die von Medien als Skandal angesehen werden könnten.«

Die Affäre zog nämlich nicht nur den Wirtschaftsbund und die ÖVP, sondern auch die Kammer, in der der Wirtschaftsbund als ÖVP-Fraktion tonangebend ist, in eine schwere Krise. Die Spitze des Eisbergs waren für die meisten Beobachter sicherlich die Schilderungen des Tischlers Michael Stadler, der in der ZiB 2 vor die Kamera trat und von Einschüchterungsversuchen aus dem Wirtschaftsbund gegenüber Innungen sprach. Man habe ihm zu verstehen gegeben, dass seine Innung besser im Wirtschaftsbund-Blatt inseriere, wenn er keine Probleme wolle – ein freilich problematischer Umgang mit Pflichtbeiträgen von allen Unternehmern, die in die Mitgliedszeitung einer ÖVP-Teilorganisation wandern sollen. »Ich habe keinen Nutzen für unsere Mitglieder gesehen. Das ist ja keine Werbung, sondern nur Parteienfinanzierung«, brachte es Stadler auf den Punkt.

Viele erhofften sich mit dem öffentlichen Auftritt Stadlers, dass auch andere UnternehmerInnen von den im Ländle ja seit Jahren bekannten Praktiken erzählen. Außer dem ehemaligen Spartenobmann der Industrie, Christoph Hinteregger, trat aber niemand mehr vor die Kameras. Was nicht heißt, dass sich nicht weiterhin Insider bei Journalistinnen und Journalisten melden. Vor allem in der Kammer war die Unzufriedenheit vieler FunktionärInnen und MitarbeiterInnen groß. Was die meisten von ihnen störte: Einerseits galt Jürgen Kessler neben dem offiziellen Kammer-Präsidenten Hans-Peter Metzler, der bekanntlich auch Wirtschaftsbund-Obmann war, als Schattenpräsident, der die Entscheidungen traf. Gewählt oder bestellt war Kessler freilich nie. Dem Vernehmen nach gingen sogar prominente Abgänge aus dem Präsidium auf seine Kappe.

Wie alles begann

Die Beziehung zwischen Wirtschaftskammer und Wirtschaftsbund war es auch, die die Affäre erst ins Rollen brachte. Denn ein erster Bericht im Herbst 2021 im Ö1-Medienmagazin »Doublecheck« drehte sich vor allem um die Inserate im Wirtschaftsbund-Magazin, die aus der Kammer kamen und um die Verbindungen über Kesslers »Media Team«. Damals hielt Kessler noch knapp 50 Prozent an der Agentur, deren Hauptgeschäft es ist, das Anzeigengeschäft in verschiedensten Magazinen abzuwickeln – darunter auch die

Zeitschrift der Wirtschaftskammer. Die lukrative Doppelfunktion existierte auch bereits, als der Wirtschaftsbund-Direktor noch Walter Natter hieß. Als auch andere Medien über die Verflechtungen berichteten, wurde der öffentliche Druck nicht nur so groß, dass Kessler seine Anteile am Media Team abgab und sich zurückzog. Auch ein Beamter der Großbetriebsprüfung wurde so auf das Media Team, aber auch auf die Firma, über die Kessler am Media Team beteiligt war, aufmerksam und schlug seinen KollegInnen eine Prüfung vor, die dann auch Natter umfasste. Was die Finanzbeamten hier fanden, veranlasste sie rasch zu einer Prüfung des Wirtschaftsbunds, die mit einer Selbstanzeige der Organisation begann. Am 28. März berichtete der »Standard« dann über die Vorgänge, Wallner bestätigte und wenige Tage später zogen sich Kessler und Metzler von ihren Funktionen zurück.

Wenn es um die Elite, die es sich richtet, geht, dann spielen auch die Verbindungen mit der Wirtschaft eine Rolle. Rauch-CEO Jürgen Rauch ist Finanzprüfer im Wirtschaftsbund, zuvor war das viele Jahre sein Vater gewesen. Der Verein »Bodenfreiheit« thematisierte mögliches Entgegenkommen bei Umwidmungen für Firmen dank Inserate für den Wirtschaftsbund, eine Verbindung, die Wirtschaftsvertreter vehement zurückweisen. Für einige Firmen ist allerdings ein verstärktes Inseratenvolumen zum Zeitpunkt solcher Entscheidungen nicht von der Hand zu weisen. Jürgen Rauch ist wegen dieser Fragen auch vor den Untersuchungsausschuss des Nationalrats zu ÖVP-Korruption geladen. Bezüglich strafrechtlicher Vorwürfe gilt die Unschuldsvermutung.

Die Rolle von Russmedia

Und natürlich dürfen auch die Medien nicht vergessen werden. Sie spielen eine gewichtige Rolle in der Frage, wieso das System, über das so viele Leute sagen, dass bereits seit Jahren jeder davon gewusst habe, so lange funktioniert hat. Die Antwort liegt auch bei den Verbindungen zu Russmedia. Zwar wurde in den Medien des Konzerns immer wieder berichtet, etwa über Anfragen von Oppositionsparteien zu dem Thema – allerdings nie prominent oder in der Tiefe. Tischler Michael Stadler kritisierte auch den Russmedia-Platzhirsch »Vorarlberger Nachrichten« scharf. Er habe über die Jahre des Öfteren versucht, das Thema dort unterzubringen. Ein Grüner sprach in der »Presse« außerdem davon, dass die Zeitung »zugedeckt statt aufgedeckt« habe.

Der Chefredakteur der »Vorarlberger Nachrichten« räumte unlängst selbst ein, dass man die eigene Rolle zu reflektieren habe, die Nähe sei groß. Russmedia war auch am Druck der »Vorarlberger Wirtschaft« beteiligt und natürlich gibt es die Verbindungen zum Media Team von Natter bzw. Kessler. Mittlerweile berichtet ein ganzes Team der Zeitung intensiv über die Causa, und die Verantwortlichen werden in Berichterstattung und Kommentierung nicht geschont – im Gegenteil. Es waren immerhin die »Vorarlberger Nachrichten«, die mit den Anschuldigungen eines anonymen Managers die für Landeshauptmann Wallner brisantesten Vorwürfe der gesamten Wirtschaftsbund-Affäre publik machten.

Ein Manager behauptete im April gegenüber den »Vorarlberger Nachrichten«, Wallner habe bei einem Unternehmensbesuch für Inserate im Magazin der ÖVP-Teilorganisation geworben und dabei in Aussicht gestellt, dass sich das Land als Gegenleistung bei etwaigen Genehmigungen erkenntlich zeigen werde. Wallner wehrte sich zwar sofort gegen die Ausführungen und bezeichnete sie mehrmals als Lüge. Nichtsdestotrotz führten sie schlussendlich zu Ermittlungen der Wirtschafts- und Korruptionsstaatsanwaltschaft wegen Vorteilsannahme, die noch laufen. Wie weit die Ermittlungen mittlerweile fortgeschritten sind und ob die Korruptionsermittler die Identität des Mannes kennen, ist nicht klar – die WKStA äußert sich dazu nicht. Wallner wird allerdings nach wie vor als »Beschuldigter« und nicht als »Verdächtiger« geführt. Der

Mann – die VN schreiben von einem »der führenden Wirtschafttreibenden im Land« – hielt seine Schilderungen des Betriebsbesuchs 2018 in einer eidesstattlichen Erklärung fest.

Folgenschwere, anonyme Anschuldigungen

Die Zeitung respektierte dabei seinen Wunsch nach Anonymität – und will das dem Vernehmen nach auch vor den Ermittlungsbehörden so handhaben. Rechtlich gesehen ist das aufgrund des sogenannten Redaktionsgeheimnisses auch möglich. Und sollte Wallner irgendwann die »Vorarlberger Nachrichten« klagen, sind diese mit der Erklärung abgesichert. Dass er wegen der Veröffentlichung der Vorwürfe stinksauer auf die Zeitungsverantwortlichen ist, ließ Wallner jedenfalls durchblicken. Eine medienrechtliche Klage, um die »Vorarlberger Nachrichten« unter Zugzwang zu bringen, ist bislang aber nicht eingegangen.

Wallner und sein Team tragen aber auch wenig zur Aufklärung der Vorwürfe bei. So ging eine Anfrage des »Standard« über Betriebsbesuche 2018 ins Leere, diese Fragen beantworte man nicht. Als die SPÖ über eine parlamentarische Anfrage an die Infos kommen wollte, hielt sich der Informationsgewinn ebenfalls in Grenzen. Ob die ehemaligen Wirtschaftsbund-Direktoren dabei waren, ist unklar. Es könne nicht mehr nachvollzogen werden, welche Personen neben Wallner, Mitarbeitern seines Büros, Fotografen und Bürgermeistern – das Team, das üblicherweise bei Betriebsbesuchen vor Ort sei – noch dabei waren, wird die Anfrage beantwortet. Dabei gewesen sein dürften die Direktoren jedenfalls bei 15 Veranstaltungen in Betrieben, die der Wirtschaftsbund seit 2016 organisiert habe und an denen Wallner in seiner Funktion als Landesparteiobmann teilgenommen habe. Auch hier bleibt unklar, welche 15 Betriebe denn besucht wurden. Dafür wird abermals betont, dass

Wallner für seine Person ausschließen könne, jemals für die Vornahme eines Amtsgeschäfts eine Gegenleistung gefordert zu haben.

Was bleibt

Mehr als ein halbes Jahr nach Ausbruch der Affäre kann die ÖVP diese noch immer nicht abhaken. Inwiefern die aufgezeigten Defizite tatsächlich reflektiert werden, ist ebenfalls noch nicht abschätzbar. Die Auftritte von ÖVP-PolitikerInnen im Landtag lassen eine ernsthafte Auseinandersetzung mit gemachten Fehlern jedenfalls fraglich erscheinen: Jegliche Kritik an Wallner wurde kurzerhand als Majestätsbeleidigung abgetan. Wallner selbst beschwerte sich, dass Vorarlberg »von Wien aus in den Dreck gezogen« werde.

Ob die Hoffnung aufgeht, dass die Sommerpause dafür sorgt, dass das Thema endlich in den Hintergrund rückt, hängt natürlich auch davon ab, was die Oppositionsparteien noch unternehmen wollen. Zugute kommt der Partei jedenfalls, dass anders als in anderen Bundesländern keine Landtagswahlen anstehen.

Allerdings: Wenn einzelne Aspekte der Affäre auch komplex sind, könnte bei vielen Vorarlbergerinnen und Vorarlbergern doch längerfristig hängen geblieben sein, dass es die Wirtschaftspartei ÖVP selbst nicht so genau genommen haben dürfte mit dem sauberen Wirtschaften. Und dass manche eben gleicher sind. Dass bald weitaus strengere Regeln zur Parteienfinanzierung und Transparenz in Vorarlberg in Kraft treten, das kann jedenfalls als Gewinn für das Bundesland betrachtet werden.

Futtertrog im Saustall!

ZAPFAZÜCHAR!

Moritz Moser

Knatsch in der Verwaltung
oder »Ein seltsames Schlachthofkonzept«

Stellen Sie sich vor, sie arbeiten auf einem Amt und ein Politiker, dem sie unmittelbar untergeordnet sind, kommt mit einem Projekt zu ihnen, das ihm bei irgendeiner Veranstaltung eingefallen ist. Sie werden seufzen und versuchen, das Ganze in geordnete Bahnen zu bringen, denn als öffentlich Bediensteter sind sie ihrem Vorgesetzten gegenüber weisungsgebunden. So oder so ähnlich dürfte es wohl den Mitarbeiterinnen und Mitarbeitern im Amt der Landesregierung gegangen sein, nachdem Agrarlandesrat Christian Gantner (ÖVP) im September 2019 einen pensionierten Experten aus der Fleischereibranche mit einem Konzept zur Erhaltung eines Schlachthofes im Land beauftragt hatte. Der Mann hatte ihn am Rande einer Veranstaltung angesprochen und holte später noch einen befreundeten Unternehmensberater an Bord. Etwa 5.000 bis 10.000 Euro würde das kosten, dachte der Landesrat. Dann übergab er die Sache an die Bürokratie und alles ging schief.

Zwischen Politik und Verwaltung herrscht eine eigene Dynamik. Während Beamte bemüht sind, die Gesetzmäßigkeit des Regierungshandelns sicherzustellen, wollen Politiker vor allem Projekte umsetzen, Probleme beheben und Wählerwünsche bedienen. Zwischen den beiden Interessenslagen kommt es daher immer wieder zu Spannungen. Eine gut funktionierende Verwaltung hat auch die Aufgabe, der Politik zu sagen, was alles nicht geht. Schlechte Politiker gehen dann dazu über, die Verwaltung auf ihr Niveau zu ziehen, indem sie missliebige Beamte durch Günstlinge ersetzen, die zunächst alles möglich machen, was später vor den Höchstgerichten scheitert. Manche Politiker betreiben aber auch

Mikromanagement und möchten ständig alles kontrollieren, wieder andere wollen vor allem eines: von der Verwaltung nicht mit Problemen konfrontiert werden.

Wie auch immer das Verhältnis zwischen Landesrat und Landesverwaltung aussehen mag, friktionsfrei dürfte es nicht in allen Belangen sein. Ansonsten wäre man vielleicht auf Gantner zugekommen und hätte ihm gesagt, dass das von ihm beauftragte Konzept nicht die nötigen qualitativen Voraussetzungen erfüllt und die Rechnungen dafür unverhältnismäßig hoch sind. Vielleicht ist das aber auch geschehen und der Landesrat wollte nicht hören – wir wissen es nicht. Der Landes-Rechnungshof ließ jedoch zwischen den Zeilen seines Berichtes über das Konzept für eine sogenannte »FleischWerkstatt« anklingen, dass die Mitarbeiter im Landhaus alles andere als glücklich mit dem Auftrag waren. Dass Gantners Büro ihnen nicht sonderlich viel über den Plan erzählt haben dürfte, erschließt sich daraus auch. Als nämlich die Kosten plötzlich so hoch ausfallen, dass ein Regierungsbeschluss eingeholt werden muss, erkundigen sich die Landesbediensteten bei den angeheuerten Experten erst einmal nach »Auftragsinhalt und -umfang, Zeitplan, Abrechnungsmodalitäten oder Eignung bzw. Referenzen«. Dass sie nach letzterem fragen, zeugt von einer gewissen Skepsis gegenüber Gantners Urteilsvermögen. Mit dem von den Experten daraufhin eingereichten Projektplan war die Fachabteilung im Amt der Landesregierung ebenfalls nicht völlig glücklich. Zu spät erschien die avisierte Übergabe eines Zwischenberichts. Schließlich kamen »im Frühjahr 2020 vermehrt Zweifel an der Umsetzbarkeit des Konzepts und der Plausibilität zugrunde liegender Annahmen auf«. Gantners Schlachthofkonzept war für die Landesverwaltung vor allem eines: Ein Klotz am Bein, der nach Problemen roch.

Zwischen Politik und Verwaltung kommt es immer wieder zu Reibungsverlusten, wenn beide aneinander vorbeiarbeiten. Politikerbüros wälzen gerne große Pläne. Die Bürokratie fällt dann aus allen Wolken, wenn ihr mitgeteilt wird, was sie alles möglich machen soll. Außerdem hält die politische Ebene die Verwaltung nicht immer im selben Ausmaß auf dem Laufenden, wie es umgekehrt verpflichtend ist. »Das Büro des zuständigen Landesrats übermittelte Mitte Mai 2020 der Abteilung Landwirtschaft und ländlicher Raum (Va) das endgültige Konzept zur FleischWerkstatt«, heißt es im Rechnungshofbericht. Die Experten sahen ihren primären Ansprechpartner also in Gantner, was angesichts der Zweifel des Landesdienstes an ihrer Eignung wenig verwundert. Der mit dem Thema befasste Mitarbeiter hielt schließlich schriftlich fest, »dass ihm die Ergebnisse der Beauftragung bislang nicht bekannt waren und sein letzter Stand rund vier Monate zurücklag«. Das ist durchaus außergewöhnlich und zeugt von Frustration auf Beamtenseite über das Vorgehen des Landesrates. Umso erstaunlicher ist es, dass Landeshauptmann Markus Wallner später bei der Bewertung des Rechnungshofberichtes nur Fehler in den Verwaltungsabläufen ortete. Wenn öffentlich Bedienstete damit beginnen, Dissens mit der politischen Ebene zu verschriftlichen, ist die Atmosphäre nachhaltig getrübt. Der Mitarbeiter der Fachabteilung hielt jedenfalls fest, dass es ihm nicht möglich sei, aus dem vorliegenden Konzept »konkrete und belastbare Aussagen – vor allem zur Errichtung eines Schlachthofs – abzuleiten.«

Ihm waren vom Büro des Landesrates 44 Powerpointfolien von durchwachsener Qualität übermittelt worden. Andere sahen darin jedoch mehr: Nachdem ich die ersten Artikel über den Rechnungshofbericht veröffentlicht hatte, rief mich eine aufgebrachte Frau an, die behauptete, das Konzept sei umfangreicher gewesen. Sie werde mir die angeblich vorhandenen weiteren Unterlagen aber aufgrund meiner Voreingenommenheit nicht übermitteln. Den Bericht des Landes-Rechnungshofes solle man jedenfalls nicht ernst nehmen. Das Konzept der beiden Experten, an dem sie auch mitgewirkt habe, sei von außerordentlicher Qualität. Andere würden es gerne nutzen, um einen Schlachthof in Vorarlberg zu betreiben.

Die Fachabteilung im Amt der Landesregierung teilte diese Ansicht eher nicht. Die Zahlen zur Verwertung von Altkühen, auf denen die Planungen zur Wirtschaftlichkeit wesentlich beruhten, wurden als nicht plausibel angesehen. Im 44-seitigen Konzept wurden wiederholt Daten ohne ersichtliche Grundlage angeführt. Das Bild einer Kuh mit Kalb war in Wales aufgenommen worden und stammte von Wikipedia. Am Ende einer Folie mit Balkendiagrammen hieß es: »Die Höhe der Säulen ist sinnbildlich ausgelegt.« »Modell beruht auf Annahmen und Recherchen (Haftung ausgeschlossen)«, stand andernorts. Das Land überwies den Beratern schließlich dennoch 82.200 Euro für ihre Tätigkeit. Die Landwirtschaftskammer zahlte aus Fördermitteln des Landes noch einmal 43.600 Euro, ohne dass die Landesverwaltung davon wusste. So gingen 125.800 Euro für 44 Powerpointfolien über den Tisch. Man habe darauf ja auch Umsatzsteuer zahlen müssen, meinte die entrüstete Anruferin. Ein Gegengutachten, das die Verwaltung beauftragt hatte und in dem das Konzept nicht gut wegkam, kostete hingegen nur 960 Euro.

SCHEINHEILIGA

Autorinnen und Autoren

Markus Barnay, hat in Wien und Berlin Politikwissenschaften studiert. Gestalter von zahlreichen TV-Dokumentationen über verschiedene Aspekte der Geschichte Vorarlbergs. Seit der Pensionierung im ORF Vorarlberg (2022) als Ausstellungskurator, Moderator, Publizist und Buchautor tätig.

Kurt Bereuter, studierte BWL, Philosophie und Politikwissenschaften. Er arbeitete ein Jahr lang beim ORF in Dornbirn als Sendungsgestalter bei Leo Haffner, Kulturelles Wort, und danach drei Jahre als Bildungsprojektleiter in der Wirtschaftskammer Vorarlberg. Anschließend war Kurt Bereuter ein Jahr Lehrer an der heutigen Wirtschafsschule in Bezau. Seit 1995 selbständiger Organisationsberater mit dem Vorholz-Institut in Alberschwende, Moderator und freier Journalist. War und ist ehrenamtlich im Kulturbereich tätig.

Christoph Greussing, Absolvent der Diplomatischen Akademie in Wien. Er war viele Jahre im Ausland für einen internationalen Bankkonzern tätig und engagierte sich ehrenamtlich für zahlreiche Hilfsinitiativen und Kulturprojekte. Seit 2007 ist Christoph Greussing wieder im Ländle und arbeitet heute als selbstständiger Konsulent und Filmemacher.

Seff Dünser, ist seit 1984 Zeitungsjournalist und seit 2008 als freier Mitarbeiter Gerichtsreporter für die »NEUE Vorarlberger Tageszeitung«.

Klaus Feldkircher, hat als Autor, Texter und Konzepter diverse Sachbücher veröffentlicht. Außerdem ist er für verschiedene Medien als freier Journalist tätig. Der ausgebildete Germanist und klassische Philologe lehrt in der Erwachsenenbildung, an einer AHS und BHS und an der FH Vorarlberg. Daneben arbeitet er als Agenturpartner in der Kommunikationsbranche.

Lara Hagen, ist Journalistin im Ressort Innenpolitik und Chronik bei der Tageszeitung »Der Standard« und berichtet dort auch über bzw. aus Vorarlberg. Die gebürtige Lustenauerin hat in Wien, Hamburg und Singapur Politikwissenschaft und Internationale Entwicklung studiert.

Hans-Peter Martin, wurde in Bregenz geboren und promovierte zum Dr. jur in Wien. Lange war er Auslandskorrespondent beim Nachrichtenmagazin »Der Spiegel«, u. a. in Südamerika, dann parteifreier Europaabgeordneter. Seine Bücher (u. a. »Die Globalisierungsfalle«, »Bittere Pillen«, »Game Over«) wurden in 27 Sprachen übersetzt.

Moritz Moser, ist Chefredakteur der »NEUE Vorarlberger Tageszeitung«. Bevor er als Journalist bei Addendum und NZZ.at tätig war, arbeitete er in der Bundesverwaltung.

Duygu Özkan, hat in Berlin und Wien Geschichte studiert und ist heute als Journalistin bei der Tageszeitung »Die Presse« im Ressort Außenpolitik tätig.

Martina Pointner, studierte Germanistik, Soziologie und Marketing in Innsbruck. Nach Stationen in der Werbung, Kommunikation und Politik arbeitet sie als Beraterin, freie Redakteurin und Geschäftsführerin der Content-Agentur TriaLog in Bregenz.

Norbert Schwendinger, war bis zu seiner Pensionierung 2019 Leiter der Leib/Leben-Gruppe (Morddezernat). Als solcher war er auch langjähriger Vortragender in der Polizeischule, der Polizeiakademie (MEPA) und Referent bei diversen Fortbildungsveranstaltungen.

Jörg Stadler, ist seit mehr als 20 Jahren als Journalist und Redakteur tätig, zwischendurch zeichnete er für die Kommunikation eines renommierten Vorarlberger Architekturbüros verantwortlich. Er gestaltete Radiobeiträge, leitete das Chronikressort bei den »Vorarlberger Nachrichten« und ist seit 2019 stellvertretender Chefredakteur der »NEUE Vorarlberger Tageszeitung«.

Harald Walser, promovierte über die »Illegale NSDAP in Tirol und Vorarlberg« und war Lehrer sowie Direktor am Gymnasium Feldkirch. Von 2008 bis 2017 war der studierte Historiker Nationalratsabgeordneter für die Grünen. Seither hat er etliche Bücher veröffentlicht und ist Kolumnist der »Vorarlberger Nachrichten«.

Kathrin Stainer-Hämmerle, war Politik- und Rechtswissenschaftlerin an den Universitäten Innsbruck und Klagenfurt (IFF) und wechselte 2009 als Professorin für Politikwissenschaft an die Fachhochschule Kärnten, wo sie seit 2019 die Bachelor- und Masterprogramme für Public Management sowie die Forschungsgruppe Trans_space (https://forschung.fh-kaernten.at/trans-space/) für den gesellschaftlichen Wandel leitet. Ihre Forschungsschwerpunkte sind Partizipation und Demokratie, Wahlrecht sowie Politische Bildung.

Kathrin Stainer-Hämmerle kommentiert regelmäßig in Medien die politische Situation in Österreich und schreibt seit 2014 eine wöchentliche Kolumne in den »Vorarlberger Nachrichten«.

Wolfgang Berchtold

Das Vorarlberger Schimpfwörterbuch

Karikaturen von Silvio Raos

SCHIMPFEN, FLUCHEN, SPOTTEN IN VORARLBERG

EDITION V

Wolfgang Berchtold
Das Vorarlberger Schimpfwörterbuch

An alle Schnorrawaggli, Schoofsäckel, Hälgiiger und Hallodri, Bodasurri, Tüpflischiißer und Pappsäckl, Arschkrüücher und Rotznasle, Füdlaschlüüfer, Großkopfate und Hohlköpf: Mensch-Meier, i deam Buach git as elendig viel zum Schimpfa und Fluacha. Huara-sack-zement!

Dieses Buch gibt Einblick in die Vorarlberger Welt des Schimpfens, Fluchens und Spottens. Hunderte der aufgelisteten Wörter gehören der aktuellen Alltagssprache an, manche sind nur noch wenigen bekannt und viele sind bereits in Vergessenheit geraten. Der Nachschub erfolgt vor allem über die Jugend und ihre Affinität zu den neuen Medien. Dementsprechend wird ein weiter Bogen gespannt: von längst vergessenen Schimpf-, Fluch- und Spottwörtern über die gängigsten Dauerbrenner bis hin zu völlig neuen Wörtern aus der Jugendsprache.

ISBN 978-3-903240-10-0 | edition V | EUR 29,–
220 Seiten mit Karikaturen von Silvio Raos
Bereits erschienen

Wolfgang Berchtold

Das Vorarlberger
Sprichwörterbuch

Redensarten, Sprichwörter, geflügelte Worte

Karikaturen von Silvio Raos

...DEN SENF DAZUGEßEN !

EDITION V

Wolfgang Berchtold
Das Vorarlberger Sprichwörterbuch
Redensarten, Sprichwörter, geflügelte Worte

An alle »Sprücheklopfer«, denen wir ghörig »auf den Zahn« fühlen! Wir haben uns dabei »kein Blatt vor den Mund genommen«, denn schließlich »sött ma jedam's Muul gunna!«

Wie das »Vorarlberger Schimpfwörterbuch« zeigt auch dieses Buch den Vorarlberger Dialekt von seiner witzigen und hintergründigen Seite. Sprichwörter und Redewendungen können Dinge kurz und prägnant auf den Punkt bringen, sie bedienen sich der Bildhaftigkeit der Sprache und bringen Farbe in unsere Alltagssprache. Es gibt unzählige solcher Wortgruppen, die wir oft unbewusst verwenden und die meist auch nicht wörtlich zu nehmen sind.

Statt »Sprichwort« sagte man früher in Vorarlberg »Sprüchwort«, und so wird ein umgangssprachlicher Bogen gespannt: von flotten Sprüchen, die oft gebraucht werden, über traditionelle Redensarten bis hin zu fast vergessenen Sprichwörtern.

ISBN 978-3-903240-40-7 | edition V | EUR 32,–
220 Seiten mit Karikaturen von Silvio Raos
Erscheint am 19.01.2023